老有所終

長命百歲
還是品質九九？

莊錦豪　著

推薦序

生得好、病得輕、老得慢、死得安

去年的九九重陽節，接到台大同窗老莊的邀約，爲他退休後第三年的第三本著作《老有所終：長命百歲還是品質九九》寫序，眞是既驚喜，又感佩。

高齡少子化是世界的大趨勢。台灣自一九九三年六十五歲人口超過百分之七而進入世界衛生組織（WHO）定義的高齡化社會（Aging society），至二〇一七年八月統計台灣老人已佔一三・六%，迫近百分之十四高齡社會（Aged society）的門檻，預計再不到十年老年人就會變成二〇%而邁入超高齡社會（Superaged society）。由高齡化社會到超高齡社會只要二十五年，在社會老化速度上堪稱是全球之冠。如何養老，如何善終，眞是家庭社會面臨的嚴峻挑戰。

出生一張紙，奮鬥一輩子。年輕時比學歷，中年時比經歷，老年時比病歷。但最後一里路，許多人僅有的心願則是別淪爲「下流老人」，甚至「三等人」，每日在等吃、等睡、等死。

如何能夠「生得好、病得輕、老得慢、死得安」，是要靠個人、家庭、社會共同努力學習與付出。其實中華文化的「以食養身、以動養體、以靜養心」，變成白話文就是「營養、運動、放鬆」。用以啟動身體的維修與自癒能力，直到能夠平安地落葉歸根。因此要學習用心生活，才能「一路玩到掛」。

莊院長是台灣小兒外科泰斗，醫術精湛，仁心細緻。退休後不僅繼續當教授看診、手術，也孜孜不倦地努力筆耕，把行醫過程中對生命的深遠體驗與大眾分享。他學貫中西，不僅文筆流暢，引經據典，內容更涵括新聞電影，甚至親人好友的眞實故事。這種獨特的寫作風格，眞是引人入勝，雅俗共賞。故自《過河卒子》、《醫療大觀園》大獲好評後，本書在期待中要出版了。

這本打破生、老、病、死禁忌的典範之作，他深入淺出地介紹了古今中外人的老化、社會的老化、養老的身心、養老的所在，更包括各種壽終葬禮的方式。由中華文化的「儒、釋、道」方式，到西方愛因斯坦、居里夫人的優雅離去、靜寂安息，乃至聖嚴法師的樹葬，由他娓娓道來，輕鬆地翻轉了傳統的悲傷心態。讓我這位經常陪人走最後一里路的復健科醫師感動不已。

這本書不僅適合一般民眾閱讀，也可以提供醫療人員、長期照護相關工作者，甚至安寧照護工作者作參考之用。

這眞是一本好書，請大家告訴需要的人。

桃園長庚紀念醫院名譽院長—黃美涓

推薦序

生死自在，瀟灑走一回

我與莊錦豪院長最早結緣是在二〇〇六年一月，當時莊院長擔任高雄長庚醫院外科部主任，我擔任南華大學人文學院院長，應他的邀請，到高雄長庚醫院演講生死學。後來與莊院長再進一步相識，要感謝佛光山佛陀紀念館副館長永融法師的聯繫。去（二〇一七）年十月九日，莊院長賢伉儷來南華大學參訪，由圖書館黃素霞館長作陪，我們在館長室茶敘，席間講學論道，談生論死，縱橫古今，相談甚歡。

在言談中，深感莊院長是性情中人，有儒醫風範，不囿於醫學科技領域，對於文、史、哲乃至東、西方宗教等人文精神領域，皆有深厚之關注與探索，殊爲難得。莊院長與我，雖然對於宗教及佛學的見解不盡相同，但是無礙於彼此的交流。《金剛經》云：「一切賢聖，皆以無爲法而有差別。」聖賢之間的見解，都會有所差別，何況是我們。

今年三月間，收到莊院長寄來他的大作《老有所終：長命百歲還是品質九九》書稿，囑我寫一篇推薦序文，我欣然應允。

從書名可以看出，莊院長的大作所探討的，正是當今台灣社會所面臨的重大議題：如何妥善規劃及實踐「老年安養」與「尊嚴善終」的人生課題。很弔詭的，現代人不斷地追求生活的品質與生命的尊嚴，卻忽略了死亡的品質與善終的尊嚴。我在南華大學生死學系任教超過二十年，長期從理論與實務兩方面關注「生、老、病、死」的生命課題，讀了莊院長的大作，心有戚戚焉，我們有許多觀點不謀而合。

現代醫療科技的長足進步，大幅地延長了人類的平均壽命，造成了不斷高齡化的社會。然而，高齡化並不能保證吾人的生命尊嚴與生活品質也隨之提昇，反而衍生出許多難以克服的身心問題；年長的族群很容易罹患「退化性疾病」，諸如：癌症、中風、心血管疾病、失智症……等等。現代醫學無論如何的進步，都無法徹底解決老化與老年疾病的問題。現代社會日益高齡化的結果，除了在醫療、健保、政治、經濟……等現實社會與生活層面，產生種種棘手的課題之外，同時也衍生出許多與「老年安養」及「善終」息息相關的生命高層次之心理或內在精神問題，莊院長在本書中對於這些問題都有相當深入的探討。

就社會整體層面而言，「老年安養」與「長期照顧服務」的課題，已經成為台灣社會重大的挑戰。這個問題不是現在才發生，早在一九九三年二月台灣正式進入「高齡化社會」時，就已經響起警報了，而且台灣社會的老化速度，遠比歐美國家快得多。今（二〇一八）年四月十日，內政部發布，台灣六十五歲以上的老年人口，占總人口比率在今年三月底達到一四．○五%，宣告台灣正式邁入「高齡社會」。

雖然政府很早就察覺到問題的嚴重性，但是在政策制定與施政上都無法跟上老化的腳步，長期照顧老年人成爲每個家庭裡面年輕人的重大壓力與負擔。理想的長照服務，除了照顧老年人之外，還包括身心失能者以及家庭照顧者都能受到應有的照顧，這不論是對政府還是對每個家庭和個人而言，都是極爲嚴峻的挑戰。對於這些問題，莊院長在本書中也都有相當具體的分析。

在這樣的大環境之下，當面對「老年安養」及「善終」的人生課題時，我們個人到底能爲自己及家人做些什麼？這也就是莊院長在本書中要跟讀者們分享的生命思考。

雖然是出身醫學專業，莊院長卻不是純粹從醫療科技的角度與立場來談老年安養與善終，反而十分重視生命意義的探索，以及強調信仰的必要性，結合醫療與靈性兩個層面來談生死課題，這一點令我非常感佩。

此外，莊院長還特別強調「老年安養」的經濟現實面向，呼籲大家要及早儲備足夠的「養老本」，不只是身心健康層面，還包括經濟財務層面，不要成爲晚景淒涼的「下流老人」。我覺得莊院長眞的是菩薩心腸，苦口婆心。

綜合本書的內容可以看出，莊院長在談生論死之際，兼融文、史、哲與宗教，上下古今，旁徵博引，理事兼備，不僅說理，也談實務，將現代社會的「老年安養」及「善終」課題，分析得十分透徹而且全面，值得大家認眞閱讀及深入思考。

總之，現代人如何「健康地老年安養」與「尊嚴地善終」？這是我們每一個人的「人生必修功課」，因此，莊院長的這本書，也是大家所亟需要的思維資糧。讀者認眞閱讀本書，必然會有所啟發，對於自己和家人，皆大有助益。

祝福本書的讀者，祈願大家都夠生死自在，瀟灑走一回！

佛光山寺副住持、南華大學生死學系教授兼校務顧問—釋慧開

作者序

大道之行也，天下為公。選賢與能，講信修睦，故人不獨親其親，不獨子其子，使老有所終，壯有所用，幼有所長，鰥寡孤獨廢疾者，皆有所養——《禮記》禮運篇

筆者是隸屬於退休的「貓頭鷹」族，關於它的定義，後面會提到。重要的是，我和同屬於「貓頭鷹」族的內人，也要照顧兩位九十高齡的家母及岳父。這些年親身經歷後，發現這一塊「老吾老」的領域，遠非行醫一輩子的我們可以從容應對。筆者廣搜資料後，擬就個人心得，野人獻曝，供讀者面對「老有所終」各式各樣問題時，閱讀參考。本書分九章，以長者需要準備的時間長短，按先後順序來編排。

首先是「葉落歸根」的問題。筆者和內人在一九八四年到加拿大進修，巧遇旅居蒙特婁市的鄉親劉嘉雄、簡鳳美夫婦，蒙他們熱心照顧，解決我們的鄉愁，也觸及遠走他鄉的遊子，如何在異地生根和告老還鄉間，做一選擇的難題。這選擇題如果處理不好，就會像

陳之藩筆下《失根的蘭花》，陷入他描述的困境：「等到離開國土一步，即到處均不可以爲家了。」

其次是生命的意義和信仰的必要性。年輕時候，多數人埋頭苦幹，養家活口，沒有多少時間去想這件事。隨著黃昏歲月的逼近，該努力的也已經努力過了，子女也長大成人了，無論是孑然一身，還是老伴隨侍在側，都面臨賦閒、患病、養病的重大轉折。反省這一生，想一想生命的意義，成爲老年人共同的課題。如何定義它？也許可以借重美國知名盲人作家及社會運動者海倫・凱勒的夢想，作爲借鏡。人到臨走時，還要面臨人家怎麼送我們，採用什麼宗教儀式的選擇，如果不想給未亡人或子女添麻煩，就要早早地在這個問題上做出選項。

現代醫學的進步，讓「活得老」不會成爲一般人的問題，但是要「活得好」就要費心思了。某些疾病發生後，常讓人陷入進退兩難的困境，不是求「健在而活」不可得，就是求「快意而走」不可能！與其讓它發生，不如未雨綢繆。疾病種類繁多，預防之道多元，想要「活得好」，筆者特別提出要避免「一失足成千古恨」。疾病可以從口入，也可以從下肢不良於行而產生，「不失足」自然是許多人的保命符。當然，人人都要學會看病不賭命，異狀不能掉以輕心；選擇插管或造口，務必三思而後行，不要成爲事後後悔的藉口！把握「延命不臥床」的大原則，健在活到老就不是夢。

人多期待「善終」，在台灣，先前有「安寧緩和醫療條例」，供末期病人援用，繼之於二〇一四年十二月十八日立法院三讀通過「病人自主權利法」，允許特定條件的人「預立醫療自主計畫」，可以事先表明接受或拒絕一部分或全部之維生治療。不過，兩者和許多先進國家執行的「安樂死」，仍有一段距離。儘管如此，對於一般人，希望好走，仍貴在生前有沒有好好計劃，而不在身後才偏勞他人努力祝禱！

我們這一代的人，再也無法回到舊時的大家庭。「養兒防老」不一定管用，「養錢防老」才是正道。錢務必要夠用到終老，人比較不會往「下流」跑，也就是比較不會成爲日本社會工作者籐田孝典，以《下流老人》爲名的兩本著作的主角！

「人生天地間，忽如遠行客」，如果人活著像旅行，就要有旅行的準備；如果要遠行不再回來，也要有遠行的計畫。身邊的東西，要怎麼妥善處理，宜早日規劃處理掉。兩袖清風不一定好過，不如工作少一點，還可以賺點零頭維生，就像《經濟學人雜誌》提出的「貓頭鷹」論點（Older, Working Less, Still earning，拼湊成"Owls"，中文就是貓頭鷹）。

無論選擇什麼宗教，或無神過一生，告別方式的多樣性，遠遠超過出生時的那一刻。人不像大象，可以自己找墓地，然後靜靜地離群了結這一生；也不像日本《楢山節考》故事裡的阿玲婆婆，在深山中悲壯地終結一生。雖然少數宗教的告別式可以很制式、很單純，多數華人仍承襲傳統，以佛、道混合的方式，進行人生的最後一場儀式。兩千多年前《禮記》制定的喪禮，許多仍沿用至今，不合理或突兀的禮節，讓不幸碰上的未亡人或子女錯愕不已。就連「做七」這種民俗，要做多大、多久，也要事前規劃。許多禮儀公司訂定的「生前契約」，雖然要等到死後才能兌現，卻也幫助不想給後輩、家人添麻煩的長輩，走之前可以預立契約，把身後事的繁文縟節，一次概括在裡面。相見時難別亦難，何況是永別，二十世紀國人所熟識的四君子蔡元培、胡適、傅斯年、梅貽琦，他們告別的身影，就像生前的行誼，令人感念不已。

長日終將近，人如能福壽雙全，壽終正寢，必定可以含笑九泉。可惜，能得造物主如此寵愛的人，畢竟是少數。多數人必須在長命和品質之間，做一抉擇。在什麼地方養老，有多少錢可以養老，也是善終前重要的一環。當然，人終究要返璞歸眞，能如赤子般面對世事的人，自然地對生死大事，更能夠看得開。

「老有所終」終究難以無中生有，必須做好準備，才能擁有。

在撰文過程中，首先感謝臺北大學法律學系鄭逸哲教授，提供資料並指正不合適的陳述；也感謝內人佩文的批評及葉秀敏字斟句酌的核對。我的同學——長庚紀念醫院桃園分院名譽院長黃美涓，從長期涉足復健、養生村及護理之家的規劃營運，乃至於長照這一區塊的運作，給我建言並完成一篇推薦序，令我感激不盡；多年前在本院外科部，我曾邀請並聆聽過南華大學釋慧開教授談生死學，其高見足以讓醫師們發聾振聵。此回他答應寫序推薦拙作，讓筆者喜出望外，因爲我們對佛學的關心雖然一致，但是他能包容筆者對佛理有不一樣的看法，殊爲難得。

本書出版，再三感謝時報文化出版企業股份有限公司林憶純主編率編輯團隊成員，潤飾、調整內容，設計溫馨、美觀又切中題旨的封面，同心協力完成出書。

莊錦豪

目錄

第四章 病人可以自主 善終在於自決

第五章 錢要夠用到終老 人不要往「下流」跑

第八章　長命百歲　不如品質九九

第九章　和衷共濟　宛如赤子

第一章

失根的蘭花與葉落歸根

1-1 失根的蘭花

宋朝末年，著名的詩人及畫家鄭思肖，在宋朝滅亡之後，畫蘭連根帶葉，飄浮於空中，藉以表達「國土淪亡，根著何處」的想法，並寄託個人對異族統治中原的不滿。七百多年之後，旅美電機哲學博士兼散文作家陳之藩，在他著名的散文集《旅美小簡》裡，有一篇名爲「失根的蘭花」的文章[1]，沿用鄭思肖畫蘭卻根不著地的想法，充分表達旅居海外華人，飄泊無依，有鄉歸不得的心聲。「失根的蘭花」，自此聲名大噪。

在這篇文章中，陳之藩提到他的朋友顧先生一家，約他去費城郊區一個小的大學裡看花。文章說到「花圃有兩片，一片是白色的牡丹，一片是白色的雪球；在如海的樹叢裡，還有閃爍著如星光的丁香，這些花全是從中國來的吧！

由於這些花，我自然而然的想起北平公園裡的花花朵朵，與這些簡直沒有兩樣，然而，我怎樣也不能把童年時的情感再回憶起來。不知爲什麼，我總覺得這些花不該出現在這裡。它們的背景應該是來今雨軒，應該是諧趣園，應該是宮殿階臺，或亭閣柵欄。因爲背景變了，花的顏色也褪了，人的感情也落了。淚，不知爲什麼流下來。」

後面，他又提到「我這時才恍然悟到，我所謂的到處可以爲家，是因爲蠶未離開那片桑葉，等到離開國土一步，即到處均不可以爲家了。」很有意思的是，另一位著名的散文作家朱自清在一篇以「飄零」爲名的散文，提到留學美國的一位朋友W，到波定謨（巴爾地摩）約翰勃金（約翰霍普金斯）醫院當助手，研究動物行爲。文中提到W的戀愛，和來回美中的逸事。終了，但仍不免感嘆W的「飄零」[2]。

在遊牧民族或以狩獵爲主的年代，人類逐水草而居，到處遷徙，飄泊不定是常態。進入農業時代，人開始定居、組織家庭，甚至於形成大家族、宗親麕集，也逐漸習於安土重遷。一般人離鄉背井，會有失根或飄零的感覺，乃因爲人生地不熟，所有習以爲常的人、事、物都不存在，左支右絀，像植物斷了根，生機沒有著落，還有可能枯萎。這種感覺越到傍晚越強烈，才有「日暮鄉關何處是？煙波江上使人愁。」的思鄉情懷。

「根」怎麼和人扯上關係？美國黑人作家亞歷斯．哈利[3]經過12年的考察研究和探討家族源頭後，於一九七六年發表《根》[4]這部小說，立即轟動全球，連續22週榮登紐約時報暢銷書排行榜，其中18週穩居龍頭。作者從一七五〇年他上推的七代祖先降生之地，即西非岡比亞[5]河上純樸和諧的村莊開始，細數先祖被白人擄掠到美洲，一路經歷的苦難。尤其第一代黑奴在遙遠的異鄉受盡凌辱又孤苦無依，只能在夢中追念和天堂一樣美好的故土。作者敘述的這條根，不僅是美國黑人的根的代表，也掀起黑人，甚至於白人的尋根熱潮。這部小說可以說觸動所有人類的心弦，畢竟根之所繫的故鄉，是所有人都會思念的地方。一九七七年，普立茲特別獎頒發給哈利，以表彰他的特殊貢獻。

如此看來，人若離開了故土或國土一步，眞的像陳之藩「失根的蘭花」中所描述的「到處均不可以爲家了。」

1-2 從籍貫、祖籍尋根

根在植物，是吸收養分的來源，也是命之所繫。根在大多數動物，等同於他的出生地，也獲得該動物的認知，並進一步深植於遺傳密碼裡，以驅動該動物的本能，在長大成年後回到該地生殖及終老。最顯著的例子，就是力爭上游、返鄉產卵，而死於河流上游的鮭魚。

人與其他動物有分別嗎？在解答這個問題前，先以自己及身邊人爲例，看看這之間的差異。

小時候在出生地新竹芎林鄉的老家大廳（公廳）正堂門楣上，看到上面寫著『天水堂』三個大大的字，之後發現隔壁村鄭家門楣上寫著『滎陽堂』三個字，和我們家的不一樣，隨後『隴西堂』、『潁川堂』等等堂號，陸續被發現。問了長輩，才知道這些鏤刻或書寫的堂號，主要提醒後代子孫，各姓氏祖先的來源，也是各姓氏後代共同的祖籍。原來五胡亂華及五代十國兩次戰亂，促成閩南及客家族群的第一次大遷徙，從現今甘肅天水一帶的中原地區，遷到江南與吳地，漢人與土著融合後，再沿江蘇、浙江沿海，漸次向南遷徙進入福建；或循著鄱陽湖水系，經過江西再到廣東。明清兩代，則是閩南及客家族群再度大規模遷徙，渡過『黑水溝』(台灣海峽)到台灣或南洋開墾定居。

民謠《渡臺悲歌》稱渡過『黑水溝』為「六死三留一回頭」，意即每十人當中，有六人會死在渡過台灣海峽的旅途中，有三人會留在臺灣，另外一人會受不了早期臺灣的落後蠻荒而重返中國大陸。[6]這跨越130公里的壯舉，比起跨越一萬公里以上的華工，到美國西岸築路、開礦，留下斑斑血淚的故事，仍屬小巫見大巫。無論如何，這些故事發生至今不超過三百年。以我們莊家為例，先祖從清朝中葉遷居台灣，落腳新竹至今，也不過兩百多年。

與內子結婚以後，又增添岳父、母因國共內戰而逃難到台灣的故事。岳父、母都是山東人，從小家境不錯。中共打敗國民黨政府，也徹底改變了他們的命運，逼迫他和新婚的岳母，分頭逃難。岳父為了隨國民黨軍隊撤退來台，還謊報年齡，增加四歲。岳母則混入難民群，歷經滄桑，走遍大江南北，好不容易撤退到海南島，再輾轉到台灣。雖然一路千辛萬苦，幸而兩人在台灣重逢，隨後定居台中新公園旁的眷村。岳父從軍隊退伍，先後到台灣省政府及鐵路局任職，直到退休。這段因國共內戰而衍生的刻骨銘心且血淋淋的故事，在眷村長大的小孩，大多聽自己父母或叔叔伯伯講過。

無論新、舊或原住民，都要登錄戶籍，每一家都有戶口名簿，上面登錄戶籍及籍貫。

戶籍是本人或家屬登記於政府機關的現在居住地地址，會隨著本人或家屬遷徙而更動。籍貫則是登記人的父親與祖父的長居之地。以我而言，爲了求學和就業，像孟母三遷一樣，搬了三次家，戶籍也改了三次，從新竹縣芎林鄉，經過台北市松山區，到我現在落腳的高雄市鳥松區。我的籍貫，就像不會改變的印記，是台灣省新竹縣人。這印記，直到一九九〇年政府修法，取消了身分證中的籍貫與本籍欄，改爲血型欄，籍貫才消失。但是這動作意外帶來落葉歸根的問題。

就一般人要認祖歸宗而言，堂號就很重要，因爲這祠堂的名稱或稱號，表明姓氏、宗族或家族的發源地，具有源遠流長的故事或意義。但是籍貫則不同，是近代祖先落腳的地方，也是從一出生開始，我們習慣的家族或宗親聚集的地方，當然也常常是我們的父母、叔伯、祖父母或曾祖父母，甚至於來台祖宗長眠之地。所以，籍貫潛藏「根」的意義，而且對多數國人，其隱含的鄉土親情非常濃厚。除非皈依不拜祖先的基督教或其他宗教，否則年年清明節掃墓，或因近親身故，家族聚在一起，慎終追遠，這籍貫所在地，自然地形成我們這一代人的「根」。

上述所言，足以說明包括人類在內，「根」是多數動、植物的起點，也是終點。國人常掛在嘴邊的話「有始有終」，「始終如一」，也居然是造物主賦予生物「認祖歸宗」的本能！更不禁令人驚嘆，這也是造成很多人難以適應「離鄉背井」的根本原因。

1-3 張排長和劉大哥的故事

人不像植物，有實體的軸根或鬚根，幫忙站穩並吸收養分。人的「根」，除了有的人有老家、公廳或祠堂，乃至於祖墳，可以具體而微地呈現「根」的具體形像，對於絕大多數人，綿密的親情或友情，才是共同具有的「根」，或者更具體一點，是我們共同的軸根。故鄉其他的一景一物，則是幫忙吸取故土養分的鬚根。很有意思的是，樹需要經過幾次階段性斷根後才能成功地移植，而人遠走他鄉後，故鄉的關聯也要一絲一絲斷了，才能定下心，紮根在新的地方。

有兩個切身的例子，可以說明一個人要切斷故鄉的情絲，有多麼困難，最後還是不得不和現實環境妥協了。第一個例子是我小時候就熟識的、跟隨國民政府軍隊來台的軍人張松林，官階排長。家裡年長一輩的人都叫他張排長，我們則稱呼他伯父。張伯父離開家鄉安徽阜陽時已婚，並且有一個剛出生的女兒，和我大姊的年齡相近。因他駐紮的軍營就在我們家旁邊，因而結識，並進一步認我大姊爲乾女兒。原想仗很快打完就可以回家團聚，沒想到一晃三十八年過去，直到一九八七年七月蔣經國宣佈解除台灣長達三十八年的戒嚴令，同年11月開放台灣外省籍民眾赴中國大陸探親，張伯父才有機會回到家鄉，看到了已經改嫁的妻子，也看到了已經結婚成家的女兒。

第一次探親後回到台灣，張伯父即計畫回安徽阜陽定居，中間還往返安徽、台灣幾次，最後決定葉落歸根時，我們一家人辦酒席餞別，場面相當感人，有「壯士一去兮不復還」之感慨。一年半載之後，張伯父居然回到台灣定居！詳細了解原因後，發現不是老家親人不好，而是經過幾十年的分別，故鄉的一景一物，全都變了，連自己的妻女，都另有家庭，不僅情緣難再復，也難以共同生活。冬天北方寒冷的天氣，對獨自一人過活，又已經適應亞熱帶氣候的張伯父，特別難熬，最後不得已，還是選擇在第二故鄉台灣終老。

另外一個例子發生距今也超過30年。在一九八四年的五月，我藉公費留學生之名，到加拿大蒙特婁市[7]的麥吉爾大學[8]進修，師事蒙特婁總醫院[9]實驗外科主任的邱智仁教授與麥吉爾大學外科部主任大衛．摩德[10]專研實驗外科，也因此有機會認識在蒙特婁總醫院放射診斷科當護士的韓裔華人簡鳳美女士，並進一步認識她的先生劉嘉雄大哥和他們的兩個孩子。劉大哥大我十歲，出生於台中東勢，父親劉江性是當地名醫，懸壺濟世六十餘載，生育八子四女，個個完成大專教育，甚或取得博士學位。爲造福鄉里，也創立東勢工業學校，極負盛名。劉大哥自台灣大學法律系畢業後，循當年留學美國及加拿大的風潮，出國留學，後來定居加拿大蒙特婁市。雖然在蒙特婁市的台灣人也不少，但是離開台灣都有一段時間，當年資訊又不像現在這麼發達，劉大哥和大嫂，碰到我及隨後也到蒙特婁進修的內人佩文，彷彿一見如故，正應了唐朝詩人王維著名的一首詩：「君自故鄉來，應知故鄉事。來日綺窗前，寒梅著花未？」所描述的情景，有談不完的話題，也開啟了我們之間綿密不斷、如兄弟般的友情。他們夫婦兩人對我們的照顧，再加上邱智仁教授及夫人譚夢華醫師的關愛，及其他友人如王菊月的幫助，讓佩文和我如沐春風，絲毫感受不到萬里之遙，他鄉進修的苦楚。(圖1.1)

一年多的進修，轉眼就過去，分離的時刻特別難熬。回到台灣以後，魚雁往返不斷。拜空中交通大幅進步之賜，劉大哥開始頻頻往返蒙特婁與台灣。一開始，掩飾不住他尋根的熱情，每次回來，都止不住地和我們敘述他的計畫，大有鮭魚返鄉、葉落歸根的盤算。中間偶而劉夫人會陪同回來。二十年後，劉大哥往返蒙特婁與台灣的頻率開始逐漸降低，也開始談他子女的成就。兩者都已經成家立業，大兒子在礦業有積極的發展，女兒則繼承母親的專業，在護理界卓然有成。閒時兩老含飴弄孫，對於故鄉事務，越來越少談到，彷彿根一絲一絲地斷了。二〇一四年五月，我和佩文到蒙特婁參加恩師邱智仁教授逝世的紀念演講會，當然也順道到劉大哥家做客，重溫舊夢。很意外地，他們夫妻倆邀請我們參觀他們預訂的墓園，可見身後事都已經安排妥當，自然地，開始安於在第二故鄉頤養天年。(圖1.2)

樹可以移植，但是要先斷根，並且移植到適合它生長的氣候及土壤的地方。人也可以不再安土重遷，接納在他鄉終老，不過要先斷了故鄉綿密的情絲。法國哲學家笛卡兒[11]曾經說過一句名言：「我思故我在」[12]對於一般人面臨終老的問題，可以說，具體而微地呈現了「有根故我在」！

1-4

樹高千丈，葉落歸根

印度詩人、哲學家泰戈爾[13]，有一句傳誦全球的名言：「願生似夏花之燦爛，死似秋葉之靜美。」[14]

樹無論多高，葉子凋零時，終歸要落地，而且掉在樹根附近。樹葉結束自己生命的方式，在生物學上叫做凋亡[15]，或者叫做按照程序進行的細胞死亡[16]，顧名思義，在葉子凋零之前，有一長段準備期，表現在外的就是逐漸改變顏色，其實它是內在淨空的反映，也就是養分供應逐漸切斷，終至於內需耗盡，連生命最根本的DNA都化爲片斷，才離開樹木本體。即使掉下來，也是如此靜穆；而掉在樹根附近，也能「化作春泥更護樹」！

一片葉子的死亡，可以如此有秩序而靜美，引來偉大詩人的歌頌，身爲萬物之靈的人類，又何嘗不能有備而去，讓老有所終，如葉落歸根一般自然？葉子可以按照程序進行死亡，人除非意外地走了，也可以按部就班安排自己的餘生，不必等到臨終那一刻，家人措手不及，自己則是抱憾終生。

明末清初著名的思想家顧炎武（一六一三年—一六八二年），在其著名之〈五十初度〉詩曰：「遠路不須愁日暮，老年終自望河清。」曾擔任北大校長、中研院院長及駐美大使的胡適，晚年爲人題字時，非常喜歡引用這句詩。[17]的確，旅途非常遙遠時，擔心太陽什麼時候下山，有點杞人憂天；年紀夠大了，總有看到黃河水清的時候。這詩描寫老年人抱著樂天知命的態度過活，意境是非常高超、深遠的，但是要做到這一步，凡事就須要未雨綢繆。

蘇俄科學家梅契尼考夫[18]，以研究細菌吞噬現象聞名於世，並獲得一九〇八年醫學及生理學諾貝爾獎。他從研究發現，人對老死的問題，居然這麼陌生，怎麼照顧即將面臨死亡的人，也似乎束手無策，於是挺身而出，創造老人學[19]及死亡學[20]。尤其後者，引發後續尊嚴死的議題，並揭開死亡意義的探討。[21]就如同孔子說的：「未知生，焉知死。」或莊子說的：「故善吾生者，乃所以善吾死也。」探討善終的議題，必須先明瞭生命的意義，而後者不可避免地涉及宗教信仰的問題。這些都是我們後面章節率先要面對的議題。

人固然不能倚老賣老，一般人也不可能老而彌堅，身體越來越不管用是常態，能夠處理的事務越來越有限，因此身外物應該及早減持，越少越好。相反地，人際關係卻不能疏遠，而且要積極維持甚至於增進，避免孤獨。相對於一般人錯誤的看法，以爲錢是身外物，早早轉給子女或處理掉，只留一點點給自己就好，筆者反而主張要存足夠的錢養活自己及老伴，並應付越來越多、也越來越花錢的慢性病，以避免成爲日本作家藤田孝典筆下所寫的「下流老人」！[22]

老年絕對要避免成爲風燭殘年，因此勤於勞動肢體，及時寶貝自己的雙腳，非常有必要，否則「一失足成千古恨」。餘命雖不多，也要珍惜，尤其越來越多的慢性病，步步都要命，看病萬萬不可輕率地賭命。健康地活著超過退休年齡的人，都值得恭喜，因爲他（她）已經超越造物主賦予我們自然狀態下的生命限制，剩下來的歲月，很可能依靠維生設備「加工」才能存活。這種非自然狀態下的存活方式，很可能都毫無遠景可期地耗在病床上。是否要避免在病床上說再見，也考驗我們是否及早預立醫療自主計畫。

當然，要期待生死自在，不能空口說白話，功課要做好，包括生前有什麼事未了，要及早了結。身後事怎麼辦，也要有個交代。自古至今，長命百歲都是人人稱羨的祝賀詞。在醫藥不發達的年代，長壽的人都是自然狀態下活到最後一刻，即使走，也是走得很快且有尊嚴。相反地，現代很多長命百歲的人，活在維生設備「加工」之下，活得毫無品質，也常常沒有尊嚴。除了預立醫療自主計畫，個人的人生規劃也要夠明確。若魚與熊掌不可兼得，在品質及長壽之間，須及時做抉擇。

人是社會動物，無論根在何處，都須活在群體裡面，和衷共濟，是從容地活到最後一刻的不二法則。除了人之外，幾乎所有其他生物的本性，自出生到死亡，始終如一，宛如赤子。老子道德經第十六章提到：「夫物芸芸，各復歸其根。歸根曰靜，靜曰復命。復命曰常，知常曰明。不知常，妄作凶。」萬物生長時茂盛，離開世間時，靜復歸根，方是常態，若違反常態，則禍害上身。很不幸的是，有的人欺名盜世，或戴著面具過一輩子，直到葉落歸根，實在不曉得，他們怎麼做到死而無憾？就我們平常人而言，總期待人生謝幕時，一如泰戈爾的名詩所云，無怨無悔，宛如秋葉之靜美！

｜**圖1-1**

筆者（左1）1985年8月與內人（左2）加拿大留學回國前與劉太太（左3）岳父（左4）劉大哥（右3）和他女兒琳達（右2）及王菊月在劉大哥家合影。筆者岳父在我們回國前一個月，到加拿大旅行，和我們一起在菊月姊家免費住宿一個月，相處愉快，也至今沒齒難忘。

｜**圖1-2**

相隔29年後，於2014年5月8日筆者與內人佩文（左）再度造訪劉大哥（中）與大嫂在蒙特婁溫馨的住宅，也欣見他們安居於第二故鄉。

參考文獻

1. 本文摘錄自陳之藩《旅美小簡》，一九五五年五月十五日寫於費城。
2. 朱自清著：「飄零」，選自「朱自清全集」第36-39頁。雨田出版社出版，中華民國80年初版。
3. Alex Haley
4. Roots: The Saga of an American Family. Wikipedia, this page is edited on 2 June 2017.
5. Gambia
6. 維基百科：「臺灣海峽」，本頁面最後修訂於2017年6月4日。
7. Montreal
8. McGill University
9. Montreal General Hospital
10. David S. Mulder
11. Ren ē Descartes，1596年—1650年
12 拉丁語：Cogito, ergo sum；法語：Je pense, donc je suis，語句參考維基百科：「我思故我在」，本頁面最後修訂於2017年3月2日。

13. Rabindranath Tagore

14. Let life be beautiful like summer flowers and death like autumn leaves. 語句參考維基語錄：「羅賓德拉納特．泰戈爾」，本頁面最後編輯於2017年6月11日。

15. Apoptosis

16. programmed cell death

17. 楊翠華．龐桂芬編輯：「遠路不須愁日暮—胡適晚年身影」，中央研究院近代史研究所出版，中華民國94年8月初版。

18. Ē lie Metchnikoff

19. Gerontology

20. Thanatology

21. 釋慧開著：「生命是一種連續函數」第105-106頁，香海文化事業有限公司出版，2014年6月初版二刷。

22. 籐田孝典著，吳怡文譯：「下流老人—即使月薪五萬，我們仍將又老又窮又孤獨。」大雁文化事業股份有限公司出版，2016年4月初版。

第二章

慎思生命的意義
明辨可行的信仰

2-1 生命的意義在那裡？

生命的意義在那裡？「生命的意義，在創造宇宙繼起的生命。」這句話，我們曾經生活在蔣介石統治年代的人，大概沒有人不耳熟能詳。包括我和我老婆，以及我們這個年代的台灣人，幾乎像反射動作一般，脫口而出。就像一堆曾經如雷貫耳的反共八股教條，想忘也忘不了。如今看來，也沒有幾個人認眞思考這位一代軍事強人的話。

這句話是蔣介石在民國三十二年三月，在開羅會議前，發表的《中國之命運》[1]裡，第七章「中國革命建國的動脈及其命運決定的關頭」中的一句，原文是「我的人生觀，就是我常說『生命的意義，是創造其宇宙繼起的生命。生活的目的，在增進我人類全體的生活。』這句話就是說：宇宙間一切新的生命，皆要由人來創造，亦要由人來決定。而國家的命運更要由我全國國民之本身來創造來決定，自無疑義。」

人怎麼過自己的生活，怎麼看待自己的生命，自然地，由他出生的時代背景、所接受的教育，甚至於所接觸過的人、所從事的行業等等因素共同決定，旁人難以置喙。生命的意義在創造宇宙繼起的生命嗎？就身爲生物一份子的人類而言，答案的確是肯定的。沒有繼起的生命，任何物種都會面臨絕跡，人類也不例外。只是人類人丁旺盛，暫時沒有瀕臨滅絕之虞，沒有幾個人會認眞思考繼起的生命的重要性！而由人來背負創造宇宙繼起的生命，這責任未免太沉重，何況現代人濫用地球資源，不出千年，人即使不至於完全消失滅絕，但恐怕喪失主宰地球的能力，遑論宇宙。

當然，蔣介石的話，做爲其個人的人生觀，是相當貼切的，何況他寫下這句話的時候，第二次世界大戰造成的人類的浩劫方殷。時至今日，身爲高等生物的人類，不會只安於創造宇宙繼起的生命，傳宗接代，否則我們和比較低等的生物像鮭魚或蝴蝶又有什麼分別？它們在完成傳宗接代任務後，就離開這個世界，我們是否應該比照？大概沒有人會認同。

我們應該還有別於其他物種的生命的意義，但那是什麼？精研哲學或神學的人，都可以說出一套生命的意義，只是信不信由人。知名的德國哲學家及文史學家史賓格勒[2]，在其名著《西方的沒落》[3]中提到：「生命才是一切，是萬物之始與萬物之終，……我們沒有自己選擇道路的自由，而只有在「必然」與「虛無」之間，任擇其一的自由。」這是一代哲人的名言。

對於很多人，博施濟眾，助人爲快樂之本，是生命最核心的意義。在台灣，我們看到慈濟功德會的會員，正身體力行，追尋它的意義。個人行誼上，最具代表性的人物，莫過於二〇一〇年亞洲英雄獎得主，長年在台東市中央市場賣菜的陳樹菊女士，將涓滴所得，資助需要的人。也因她個人不凡的舉止，於當年四月底，還獲選爲美國《時代》雜誌二〇一〇年度最具影響力的百大人物，實在是我們的典範。筆者於二〇一八年一月五日應謝志松醫師之邀請，到埔里基督教醫院演講，會後與謝醫師及謝太太以及好友方武忠醫師參訪埔里基督教阿尼色弗兒童之家，就驚喜地撞見陳樹菊女士的壯舉之一，她所捐贈的房屋，正造福孤兒及失去家庭溫暖的兒童。（圖2.1及2.2）

對於一般大眾，除了助人，若要從日常生活得到具體的生命的意義，個人覺得美國知名盲人作家及社會運動家海倫·亞當斯·凱勒的夢想，以三天時間親眼目睹的這個世界，她所描繪的願景，其實就涵概了我們一般人所應該認知的生命的意義！[4]

海倫·凱勒因一歲九個月時急性腦炎，導致一輩子失明及失聰，所幸她的導師安·蘇利文[5]對她關愛有加，耐心地教導，並找到專家教她學會發音，才能與其他人溝通並接受教育。但是她終身最期望的，仍然是上蒼給她三天的時間，讓她可以親眼看到她從觸摸或體表可以感覺到的世界。遺憾的是，她無法如願以償，但是，她要怎麼安排這三天的時間，卻是她留給後人最佳的人生導航。

有一天，她問一個朋友，在樹林裡繞了一個小時出來，到底看到什麼？這位朋友回答說沒看到什麼，這個答案讓海倫·凱勒很吃驚，畢竟她觸摸過樹林裡的花草枝葉，感受過它們隨著季節的變化，只是無緣目睹樹林裡上演的、令人激賞的生命樂章！於是，她告訴我們怎麼利用這三天的時間。首先，她要看清楚所有愛護她、關心過她的人的臉龐，特別是她的恩師安．蘇利文，曾爲她付出極度的關懷，那堅毅不拔的眼神和充滿慈祥的神色，值得她永遠銘記在心！她也可以看到朋友的歡樂和悲傷的神情，而不是只聽到笑聲和啜泣的聲音。她可以看到嬰兒純眞無邪的臉孔模樣，拍手稱快的肢體動作，老鷹的飛翔和愛犬膩在身邊的一舉一動。

在第一天的下午，她要走進樹林深處，讓雙眼狠狠地陶醉在自然的傑作中，以免被天天看到自然美景，卻不當它一回事的人蒙蔽。在回程的路上，她要看馬在田野耕作及奔跑的英姿，也要看每天親近土地的農夫，更要肆意享受夕陽的餘暉。在晚上，她也要忙著看人造的、五顏六色的燈光。在滿滿又令她興奮的行程中，她實在不曉得要怎麼入睡！

第二天，她打算早早起床，看看黑夜怎麼逐漸轉變成金光燦爛的黎明。接著她要去體驗人類文明的演變，最理想的地方，當然是博物館，特別是她過去經常用手去摸、去感受自然及歷史文物的紐約自然歷史博物館。那些曾經存在地球上的巨大的恐龍及乳齒象，它們的樣貌一定會讓她吃驚。接下來，她打算看大都會藝術博物館。在這裡，她可以目睹埃及、希臘、羅馬文明一路演進，所帶來的豐沛的藝術瑰寶。埃及尼羅河邊的神祇，希臘帕台農神殿[6]的片瓦遺跡，她曾經觸摸過的雅典戰士、阿波羅及維納斯的雕像，當然，還有米開蘭基羅及羅丹[7]富有生命力的作品，都會令她感到無限的悸動！那些她無緣觸摸，只能聽人描述的偉大畫作，像拉斐爾、達文西、林布蘭特等人的名畫，她終於可以一覽無遺，親自感受那些偉大圖畫的線條、光影與色彩的組合。

在第二天的晚上，她要到劇院看戲劇，或者到電影院看電影。因爲時間有限，她必須二擇一。她想像若能親眼目睹莎士比亞充滿張力的哈姆雷特戲劇，或帕夫洛娃[8]優雅的芭蕾舞姿，必將是永生難忘的大事。

第三天早上，她也一樣地不會錯過晨曦，因爲每天破曉的景色，應該不一樣而且令人期待。她的時間有限，一分一秒都不能浪費。在這一天，她要好好觀察人們怎麼生活，特別是她生活大半輩子的紐約，一定充滿活力及許多令人目眩神迷的活動。她要從自己在長島的住家出發，一路看清楚種植花草樹木的街道，上面充滿奔馳的車子，成人和小朋友的歡笑，還有高聳的摩天大樓，以及在河川上面行駛的船。她會到帝國大廈的頂樓，觀看不可思議的紐約景色。她會選擇一個街角，站在那裡看看來來往往的人潮，並隨著人們歡笑而高興，或面露悲淒而哀傷。她會到第五大道，一睹女性華麗的服飾，和展示櫃裡五花八門的寶藏。接著，她要看一下貧民窟、工廠、市場和公園，也要到充斥不同人種的地方，目睹這種族融爐和大千世界。

隨著她三天夢想的旅程幻化，海倫．凱勒語重心長地忠告擁有正常視力的我們，要珍惜每天我們看見的每一景每一物，就彷彿明天我們就要失明一樣。其實，她的忠告，也提醒我們要珍惜生命的每一分每一秒，就彷彿下一刻我們就要離開這個世界一樣。海倫·凱勒夢想的三天想看的世界，也是多數人生命的眞諦，包括親炙親情與友情、沉醉於人類文明的演進和結晶，以及領略多彩多姿的自然界和融入豐富的日常生活。也許我們過去太習以爲常，而很少認眞地看待它們。在所剩有限的歲月裡，是否應該正視海倫·凱勒的忠告，並呼應歌德[9]的一句名言：「生命裡重要的是生命本身，而不是結果。」[10]

2-2 「一去不復還」的難題

《史記．刺客列傳》記錄荊軻要刺秦王前，燕太子丹與他的朋友高漸離等，在易水邊著白衣送別，荊軻唱出千古名歌「風蕭蕭兮易水寒，壯士一去兮不復還！」其實「一去不復還」的，何只是荊軻這位壯士？任何人都會死而一去不復還，只不過荊軻敢做出震懾千古的大事。在《紅樓夢》第一百二十回裡，襲人再嫁蔣玉菡而求死不能時，曹雪芹引述前人的詩：「千古艱難唯一死，傷心豈獨息夫人？」以表明襲人的心境。可見自古至今，死是非常困難的事，連釋迦牟尼佛都對它敬畏三分。

根據星雲大師在《人間佛教佛陀本懷》一書中的記述：「波斯匿王高齡的母親去世，他非常哀傷憂戚。佛陀對他說：『人生在世，從古至今，有四件事最可怖：一、有生就會有老死；二、生病就會枯瘦難看；三、死後神識就會離開身體；四、死後將與親人永遠訣別。……徒然爲死去的人悲傷，不如爲亡者作福積德。』」[11]

死會令人害怕，不外乎幾個原因：（一）死是不可逆轉的，從來沒有死去又活來的人告訴我們死後眞正的世界，那些瀕臨死亡又復活的人的經驗，也只是半死狀態下的體驗；

（二）無法證明是否有神識或靈魂會離開身體，到我們不知道的天堂或地獄去；或者像所有其他生物一樣，死後腐朽，這個人也自此一了百了？；（三）最重要的，還是和親朋好友的永別，特別是生前如果有太多未了的事，會讓這個人無法放手走開。

幾乎所有宗教的存在，其中一個最根本的原因，就是幫俗世大眾解決死的困擾。對於死後不可能知道的世界，用天堂、天國和西方極樂世界，勸誘人信教或好好修行、做善事，才有機會到這充滿光明的地方。相反地，若不信教或做壞事，只好到地獄報到，死後還要受盡折磨。問題在所有宗教描述的天堂、天國或西方極樂世界，都是創立這些宗教的先知，憑祂們當時有限的天文和地理知識描繪的，當然無法與時俱進。

以天堂或天國爲例，在近代天文學及科技無法送人上太空，甚至於坐飛機上幾萬尺高空之前，人類最靠近天空的地方，也只是幾千尺之高的山頂。前人無法理解宇宙的浩瀚，天外有天，對未知的天堂或天國很自然地充滿期待。至於佛教的西方極樂世界或極樂國土，釋迦佛陀有描述，根據釋慧開法師在「生命是一種連續函數」書中所寫的「極樂國土有七寶池，八功德水充滿其中，池底純以金沙布地。四邊階道，金、銀、琉璃、玻璃合成。上有樓閣，亦以金、銀、琉璃、玻璃、硨磲、赤珠、瑪瑙而嚴飾之。池中蓮花大如車輪，青色青光、黃色黃光、……。」[12]總而言之，極樂國土充滿著金碧輝煌。在佛陀出生的西元前五百六十五年至其卒年之西元前四百八十六年間，絕大多數人生活貧困，金碧輝煌的世界，想當然爾令人嚮往及期待。現代人的生活享受，遠遠超過兩千五百年前一般人的水平。很自然地，現代人嚮往的極樂國土，恐怕是像充滿陽光、微風和潔淨沙灘的渡假勝地！

至於基督教強調的永生，或如星雲大師所認爲「生命是永恆的，不會死亡的，所謂信者得救，但不信也不會滅亡。等於時辰鐘，它是圓形的不是直線的。」[11]也不一定能說服現代人。想想看，人若是永生、不會死亡，以目前的科技，延命措施做得那麼好，天堂或天國豈不是擠滿了充滿著病容的老人？除非進入天堂或天國前可以易容，甚至於返老還童，變成像天使一般可愛，否則這樣的地方，怎能令人期待？

倒是春秋時代，晏子（嬰）和齊景公的故事，發人深省，也解決不死的困擾。齊景公在位多年，國泰民安，一片祥和。在風和日麗、鳥語花香的某一天，齊景公帶著幾位大臣，登牛山眺望都城，眼見人群熙來攘往，顯得日子過得很好，齊景公不禁心花怒放，爽朗地大笑，臣子們也跟著笑起來。不一會兒，齊景公突然感嘆自己來日無幾，總有一天要離開這個世界，不能再擁有這個美景，不禁悲從中來而哀號，跟隨在旁邊的大臣，也一起落淚，只有晏嬰在偷笑，惹得齊景公非常生氣，數落他的不是，只見晏子回答說：「如果人都不會死，則賢明的姜太公、齊桓公，或英勇的莊公、靈公仍在位，還輪得到你當國君嗎？生命的更迭是常態，有什麼好難過的？旁邊的人，不明此理，還跟著您哭，是陷您於不仁！」[13]

想當然爾，齊景公聽晏子的一席話一定非常尷尬。其實，晏子高明的見解，不但突顯齊景公昧於此理，也彰顯千古以來，能想通生命的更迭是常態的人不多，而迷信永生，並戮力追求的人卻不少！

2-3 生死輪迴與因果業報的迷思

「三世因果，六道輪迴」是佛法的基礎，也是佛教界的共識，自然地，是佛教和基督教或天主教強調的永生最不一樣的地方。很不巧地，這也是一般人最不容易透徹理解的地方。筆者因在高雄，與佛光山地緣近，也拜讀較多星雲大師的著作，故這一方面與大師見解的歧異，並無針對性，較可能代表筆者佛學造詣不深，所產生的迷思。

按照字面意思，佛教界的「生死輪迴」就是生與死輪流交替存在，不管喜不喜歡，生命就像物質都不會滅亡，只是交替換一個形式來表現。基督教或天主教強調生命是一條直線，它的終點就是永生或不得永生。「生死輪迴」則是循環系統，或者如星雲大師講的像時鐘一般的圓形，繞了一圈又回到原點。這個說法，非常符合生生不息的生物法則。

「生死輪迴」，若是借用個人的投胎轉世來解釋，雖然直截了當，一般人其實很難去印證。宗教界常舉前世今生的例子，去說明「生死輪迴」的可能性。雖然經過系統性研究，有跡可尋的案例逾三千，不過多數發生在篤信生死輪迴的亞洲國家。最耐人尋味的一例，莫過於筆者與內人在二〇一七年十月九日到南華大學釋慧開教授／法師請教佛學問題時（圖2.3），慧開法師提到的例子。故事就名爲：「靈魂存續者：美軍二次大戰飛行員轉世的故事」，這是從英文著作直接翻譯過來的。[14]書中講一名住在美國南部路易斯安那州的男孩詹姆士・萊寧傑[15]，兩歲又兩週大過後，常常夜裡驚叫飛機失火了，小男生出不去！之後故事一路發展下去，這小男孩不僅講得出他前世曾開的戰鬥機型號，以及被日本人擊中的事，更講得出他開的戰鬥機從那一艘航空母艦起飛，以及他一個好朋友的名字，最後查出他的前世是詹姆士・休斯頓[16]這位飛行員！而這位飛行員的姐姐，一見到詹姆士・萊寧傑，就相信他是她弟弟轉世的人。[14]這故事發生在篤信基督教的家庭，其父母歷經四年抽絲剝繭，到處奔波，總算釐清他們兒子所講的事，都曾經眞實地發生在這位飛行員身上。所以，故事的眞實性毋庸置疑，可惜，這樣的故事情節，一般人卻不常有這機會碰上。如果生死輪迴或前世今生是常態，機會不應該這麼渺茫。

個人的生死輪迴，無法用科學方式得到證明，形成信者恆信，不信者永遠無法理解爲什麼有人相信這回事。如果換一個方式，用群體的角度看「生死輪迴」，就豁然開朗。這意思就是再生不一定在我，生命不必在個體，而是在群體間以感恩之念長傳下去，這樣地從利益眾生的角度去詮釋，則人類永續生存會更有意義，也更容易理解。過度強調個人的生死，過度看重個人的生死輪迴，果眞有一天，這個世界變成柳宗元在《江雪》名詩中所顯現的「千山鳥飛絕，萬徑人蹤滅」，則個人的永生或再現還有什麼意義？

同理，如果像星雲大師所言：「我們每個人今生的幸與不幸？命運的好與壞？都是自己行爲造作的結果，也就是『業力』所致。」[11]則齊柏林在二〇一七年六月十日的墜機死亡，會非常令人難以接受。齊柏林是我們這一代台灣的良知，他從空中拍攝的「看見台灣」，讓熱愛這塊土地的國人，從空中清楚地看見台灣這塊土地的美麗與哀愁。就在他開拍「看見台灣II」的起步階段，卻於五十二歲之齡，英年早逝！眞的是他生前善的『業力』不足所致，還是他「消業」的功課做得不夠？或者是他前世的業障，今世來抵消？

很多人都有切身之痛，就是家裡或親朋好友間最善良的孩子，卻最早離開我們。一般人總認爲神會顯神跡、是公平的，而且多數宗教也讓信眾導向這個想法。果眞如此，則這些我們認知的好人，就應該個個善終。但是，我們看到的現象卻不是這麼一回事。

以我家爲例，我們從小就拜觀世音菩薩，我們兄弟姊妹裡，稟賦最善良的是么弟，從小就力爭上游，卻屢屢受到挫折，但是他從來不懷憂喪志，卻在三十歲時因爲要救溺水的外甥，雙雙溺斃。么弟的所作所爲，絕對超乎常人的「功德」，依然受到老天如此不公平的待遇，讓家母傷心欲絕，請人拆卸家裡長年供奉，號稱救苦救難的觀世音神像，不再供奉。

也許個人的經歷是特例，但是，毫不諱言，今天講因果業報，如果還強調前世業障導致英年早逝，不能善終，一般人會難以接受。筆者雖然無法認同現今佛教界仍力主的因果報應，但是，非常同意星雲大師所說的：「消業」比「祈福」更重要。[11]筆者認爲這裡的「消業」，應該分成兩個層次。對於一些壞事做盡，甚至於死有餘辜的人，其前世業障，的確須要消除。

但是對於稟性善良而不幸英年早逝的人，反而須要肯定其功德，而不是消除其生前無法預知的「前世的業障」，否則「消業」變成詆毀其生前善行的工具了！從更積極的角度看，「消業」應該變成「積德」，也就是說累積功德，鼓勵人時時行善事，日日作福積德，避免做出死有遺憾的事，讓人在任何時刻離開這個世界，都可以無怨無悔，死而無憾。若按照這個標準，則齊柏林雖然英年早逝，也可以走得灑脫，甚至於含笑九泉。

至於盛年仍積極有所作爲的人，突然間措手不及地撒手人寰，往往是自然界殘酷的本質，也是人力、甚至於神力也無法勝天的機率問題，或者簡單地說，就是「命運」。個人認爲若以大我爲出發點，不拘泥於小我及講求報應，不要誤導民眾迷信神跡，而以善盡人類一份子的道義爲依歸，宛如「諸法無我」的境界[17]，則宗教之推廣自然無礙，佛光必然日日普照大地，佛力也將普及人間。

2-4 為什麼宗教離開一般人越來越遠？

二〇一四年五月，我和內人佩文到加拿大蒙特婁市參加恩師邱智仁教授逝世的紀念演講會。此行有三件事讓我們印象深刻，首先，當然是邱教授的演講會，非常令人感動，顯示邱教授做人成功，令人緬懷不已；其次是好友劉大哥及夫人邀請我們參觀他們預定的墓園，在前一章已經提過；最令我們感到意外的是第三件事，在師母譚醫師帶我們在蒙特婁市逛一圈，重溫舊夢的時候，我們注意到一間教堂居然轉做營業用途。師母跟我們說，在加拿大，教堂關掉的不少，我們看到的那一間，還有公司行號租用，運氣還不錯，在一些偏鄉，有的教堂廢棄不用變成廢墟，看了讓人不勝唏噓！

回到台灣後，查一下網路資料，發現二〇〇八年十一月二十一日加拿大統計局發布的統計，一九八五年十五歲以上加拿大人，有百分之三十的人一星期至少會上一次教堂。但是到二〇〇五年，這比率降到百分之二十一，也就是說短短二十年，會經常上教堂的加拿大人減少百分之九。[18]

這現象也發生在其他歐美國家，例如澳洲統計局的全國普查顯示，在一九七六年，只有百分之十二的人會回答沒有任何宗教信仰，但是到二〇一一年，這數字竄升到百分之二十九。[19]英國的統計，一樣驚人。在一九〇〇年時，英國教友[20]還佔人口百分之三十三，但是到二〇一〇年時，降到只有百分之十一。單單從二〇〇五年到二〇一五年這十年間，教友預估足足會減少百分之六。[21]在台灣，宗教信仰相當多元，仍然以佛教及道教占多數，但是宗教信仰的比率，是否像歐美國家一樣地減少，目前還缺少確切的數據。但是，家裡供奉神像比例的下降，應該是不爭的事實！

英國哲學家、數學家和邏輯學家羅素[22]在一九二七年發表一篇文章，闡述他爲什麼不是基督徒，他說人類因爲恐懼未知、失敗及死亡而須要信仰。他無法苟同信教者才可以上天堂，並得永生；不聽福音者下地獄，並受到復仇般的憤怒報應。他也無法接受異教徒如佛教、儒教及回教信徒就無法過好生活的說法。[23]這位活到九十七歲高齡的長壽學者，一生多采多姿也獲獎無數，包括於一九五〇年獲得諾貝爾文學獎。他因爲反對宗教阻礙知識的進展，製造恐怖及依賴，並掀起戰爭，而加入英國文人主義協會[24]成爲終身顧問委員。這位哲人的言論，至少有一部分反應出宗教信仰的盲點，就是太鞏固自己而排外，重來世而輕今生。

知名文學家林語堂博士，在「從異教徒到基督徒」一書中提到：「史懷哲在一九三四年十一月二十、至二十八日的『基督教世紀』中說：『我現在正想討論在我們時代靈性生活及文化中的宗教。因此第一個要面對的問題是：宗教在我們這一世代的靈性生活中有必要嗎？我用你的及我的名來回答，『沒有』。……但是許多不再屬於教會的人們卻對宗教有一種渴慕。』」[25]自古以來，我們一直強調人活著要身心靈獲得平衡，而宗教一直被視為靈性生活不可或缺的一環。上述史懷哲的一番話，等於否定宗教在靈性生活的功能，至少他所熟知的基督教是如此。但是，他又說：「許多不再屬於教會的人們卻對宗教有一種渴慕」這就是人類的矛盾，更反應現今宗教有太多不足的地方。

無論《佛經》、《聖經》、《可蘭經》，都至少有上千年的歷史，內容從未翻修過，裡面列舉的事務，難以與時俱進。可是就如星雲大師所言：「我們有看過世界上有人敢對耶穌教的《聖經》，回教的《可蘭經》做這樣比較、研究的嗎？……佛教講究信仰、悟道，不是研究、比較，一個宗教一切依據聖言量而不容許有許多的異說。」[11]可以想見，宗教的獨占性，不容討論或挑戰。但是，在另外一方面，大師又說道：「談到真理，世界上每個宗教都認為自己所宣揚的教義是真理，其實所謂的『真理』，必須具有普遍性、必然性、平等性、永恆性、本來性、超越性、可證性等條件。」[17]

林語堂博士也說過：「容忍在教友中是一種難得的美德。世上所有宗教都差不多這樣，特別是基督教，它已經硬化，……，不容許任何討論。很奇怪，對於宗教，每個人都認為他所擁有的是獨一無二的真理。」[25]可見兩位大師都看到目前宗教的矛盾，一方面不容許討論，另一方面又大談眞理。既然是眞理，就是要經得起考驗，經得起比較、研究與證明。如果做不到這一點，就淪爲「理不直、氣不壯」，想要普遍性、永恆性發展，談何容易！更不用說難以領導人們朝向豐沛的靈性生活了。

最近看了一篇《商業周刊》的報導[26]，提到在以色列理工學院任教超過二十五年的吳迪·啟南資深教授告訴撰文的謝宇程先生，以色列教育「沒有」比台灣好，但是以色列人信仰猶太教，其經典也就是基督教的舊約聖經，由故事、詩歌、法律條文…多種複雜的文獻構成，但是「上帝的旨意」是什麼呢？兩千多年來在不同的時空環境下，以色列人不斷找尋新的詮釋，因此不同見解引起的爭論從未停過。吳迪教授說：「一代傳一代，以色列從養育孩子的過程，就養成了對事物質疑的態度，並且學習用精確的語言論辯、說服、溝通。」

這報導無疑地投下一顆震撼彈，震撼的不止是宗教也可以活化年輕人的思維，也震撼一套沿襲千年、僵固不變的教條與儀式，應該可以從辯論中廓清疑點，讓更多人心服口服。

2-5 徬徨與抉擇

在臺灣二千三百萬人口中，要精確統計各種宗教信仰人口的比例，非常不容易。所以，有的報告顯示佛教徒約占百分之三十五，道教徒占百分之三十三，基督教及天主教徒合占約三．九%。[27]另一報告則顯示佛教徒二七．五%，道教徒一五．四%，基督教及天主教徒合占五．七%。[28]其中，只有基督教及天主教徒的比例比較恆定，主要各教堂或教區，對教友的掌握比較精準。在後面這一篇報告中，台灣無宗教信仰人口的比例高達百分之三十四，這數字看似偏高，其實，環顧我們身邊的親友，除非早已公開或經常參與某一宗教活動，甚至於受洗，否則一般人問他（她）信仰那一個宗教，很多人會一時搪塞，答不上來。

無論儒家或道家思想，從小就深植在我們的教育和生活裡面，而從東漢就傳到中國的佛教，歷經兩千年以上，也早已像國教一樣，教化中國人的人心。這影響力有多大，從林語堂博士（一八九五年～一九七六年）的親身經歷，可見一斑。在「從異教徒到基督徒」一書中，林語堂透露他出生在離開廈門有六十英里的鄉下，祖母是基督徒，父親是牧師，除了依例行基督教禮節，父親仍有儒家思想。林語堂曾就讀上海聖約翰大學神學院，學習當牧師，終因旨趣不合而離開，投入文學的懷抱。林語堂從不否認他對儒教及老莊思想的留戀，也曾說過：「中國宗教是不排除異己的，這和基督教不同。大多數中國人如果有人問他屬於什麼宗教，他將會迷惑而不知所答。沒有教區，也沒有教徒名冊，……沒有一個家庭是純粹地佛教的，道教的，或儒教的。」如先前所引述的，他甚至於批評基督教「它已經硬化，放入箱裏，敷上防腐劑，不容許任何討論。」[25]

但是，林語堂仍不能避免家庭成長對他的影響，最終從異教徒變成基督徒，還說：「在耶穌的世界中包含有力量及某些其他的東西—絕對明朗的光，沒有孔子的自制，佛的心智的分析，或莊子的神秘主義。」並辯稱：「耶穌的世界和任何國家的聖人、哲學家，及一切學者比較起來，是陽光之下的世界。」[25]

也許林語堂的晚年，眞的從耶穌的世界看到光明，但是書中透露他內心的掙扎，卻也是不爭的事實。他不諱言對莊子的喜歡，還說「可以和他盤旋多一點時間。」的確，他在書中花很大篇幅介紹莊子的哲學，但是，對於聖經卻著墨不多，只引述他人的話說：「比耶穌更偉大的人物永不會產生。」[25]這也是令人感到非常突兀的地方。

比林語堂出生早二十二年的梁啟超（一八七三年～一九二九年），是中國近代史上，非常特殊的人物，青年時期曾經與老師康有為合作進行戊戌變法，事敗後逃出中國，在海外推動君主立憲。以他背景，他當然看到傳統文化在解決當前問題時的疲弱無力，應該會全盤接受西化。但是，在信仰上，他卻深受他老師康有爲的影響，篤信佛教，還說佛教之信仰：「乃智信而非迷信，乃兼善而非獨善，乃入世而非厭世，乃自力而非他力。」[29]這位清末民初的思想家、政治家、教育家、史學家及文學家，一輩子多才多藝，著作等身，晚年對佛教深入鑽研，並著書立說。

這兩位近代中國史上介於新舊思想轉變階段的著名人物，其宗教信仰的轉折，適足以反映家庭及社會環境對人們選擇的影響。

2-6 儒釋道之子

我們這一代的人，除非家裡早已是基督教及天主教徒，或極少數的回教徒，否則，多數就像我們家，從小供奉觀世音菩薩，也常拜土地公，還不時到大的寺廟拜媽祖、拜城隍爺，甚至拜關公、拜財神爺，幾乎可以說是泛神論的信仰者，或說得更精確一點，是儒、釋、道綜合爲一體的信仰者。完全無參拜行爲，或根本就不參與任何宗教活動的人，應該非常少。前一節提到調查台灣人的宗教信仰，發現無宗教信仰者的比例占了全台灣人的三分之一，其實是宗教的劃分，未涵蓋儒、釋、道都一起信仰的人，也就是不能把儒釋道之子或之女，清楚歸類所致。一如林語堂所說：「沒有一個家庭是純粹地佛教的，道教的，或儒教的。」[25]

這樣的儒釋道之子或之女，遍佈全台灣，說不定整個華人圈都不會少。儒、釋、道的經文要領，有許多地方相通，讓人心領神會之處。例如佛教《華嚴經》中有句經文：「不忘初心，方得始終。」老子道德經也講：「專氣致柔，能嬰兒乎？」兩相對比，對初心或嬰兒一般純潔柔和的說法是一致的，也不外乎敦促大眾做人做事，要長保剛出來或剛出道的心情。但是，包括筆者在內，一般人對儒、釋、道的經文，多只懂得一點皮毛，說不上幾句。

星雲大師看出此點，曾說佛教：「各版藏經內容浩繁，沒有分段、標點，讓人感到閱讀困難。加上經義高深，經典種類繁多，讓有心想要深入佛教的人，只能望經興歎。不像耶穌宗教只要讀懂《聖經》，伊斯蘭教只要明白《可蘭經》便可。」[11]大師因此親撰或口述佛教經文要義，集結成冊，讓大眾得以親炙。國學大師梁啟超當然也觀察到這現象，面對佛教經典八千卷，在「說佛」一書中[30]，他也儘量深入淺出介紹佛學。其他宗派也都有努力推廣佛教經文大眾化的跡象，不克一一羅列。

現今一般人到道教廟宇如台北行天宮、北港朝天宮、鹿港天后宮、新港奉天宮、新竹城隍廟、南鯤鯓代天府等求神問卦，多半只能得到簡單的籤詩解讀，道教的經義，難得在寺廟呈現。而比較深奧的佛教經文，除了自修，加入佛教團體成為不二法門。除了佛光山的星雲大師，因地緣關係，比較靠近筆者，也比較常引用他的著述名言，其他如中台山的惟覺，法鼓山的聖嚴，靈鷲山的心道，以及慈濟功德會的證嚴法師等，都是名滿全台甚至於全球的佛教心靈導師。

只是直到今天，我們仍然缺乏像基督教《聖經》，或伊斯蘭教《可蘭經》，可以隨時翻閱的儒教、道教、佛教融合為一體的經文，儒釋道之子女，若要攝取相關教義，只能多讀多看，自力更生、自求多福。

2-7

智信而心悅誠服

二十世紀最偉大的物理學家愛因斯坦，從不否認他對具像神祇的不信任。在一九二九年回電答覆紐約高斯坦法師的問題時，他說：「我相信在存在上和一切和諧中表現出來的史賓諾莎的神，而不相信一個自以爲可以支配人類命運與行動的神。」幾年後，本古里昂問他信不信神，他的回答是：「即使他發明了偉大的能量公式，也同意能量之後有東西存在。」愛因斯坦認爲「科學」與「宗教」是相輔相成的，一個追尋「什麼」另一個追尋「爲什麼」……他也經驗到科學家應當「在高處，但並非最高處」[31]這位偉人在宗教信仰的由衷之言，曾被人解讀偏袒佛教，事實上，他相信宇宙和諧運行的背後，有我們無法理解的力量在支配，這力量也經得起科學驗證，因而「科學」與「宗教」兩者並行不悖。

如前所言，現行大多數宗教的教義，留傳至少千年以上，未經翻修而無法與時俱進是一回事，是否被後人曲解，而脫離原本創教者的想法，又是另外一回事。以釋迦牟尼爲例，在梁啟超眼中，他是「最忠實的臨床醫生，專研究對症下藥。凡一切玄妙理論，「非梵行本，不趣智，不趣覺，不趣涅槃者，一向不說。」這也印證他看到的，佛經最喜歡用

「如實」兩個字，因此，梁啟超認爲釋迦很像德國哲學家康德[32]，一面提倡實踐哲學，一面提倡批判哲學。因此，梁啟超認爲佛教是「哲學的宗教」[30]但是在很多佛教徒的眼中，佛陀是超然的、神聖的，當然只能膜拜不容批判。

從不同人的角度看一個宗教，解讀出來的結果，會有如此的不一樣，可以想見千年來，我們累積的宗教知識，究竟有多少符合創教者的旨意，多少曲解他原本的意思，大概沒有人可以解答。而創教者雖被奉爲先知，在世時，和你我一樣都是人，也許智商高一點，能夠看到當時一般人看不到的現象，給予系統性的解說，因此自成一家之言，並且有信徒廣爲宣傳，讓他人周知，遂成一門宗教。這位創教者也自此被神格化。

神格化一個人容易，但是要將他放下神位，和他忠誠的信徒討論我們信仰問題，解決世俗人的心理困擾，卻非常困難，橫於中間的衛道者是最大的阻礙。如何智信，而非盲信或迷信一個屹立上千年的宗教，考驗我們的智慧。即便如此，只要精益求精、融會貫通宗教的精華，我們也總有一天有望像梁啟超一般，融入他所說的：「絕對清涼無熱惱，絕對安全無破壞，絕對平等無差別，絕對自由無繫縛的一種境界。」[30]也就是能達到佛教徒得道的涅槃或圓滿的最高境界！

圖2-1

筆者於2018.01.05應謝志松醫師之邀請，到埔里基督教醫院演講，會後與謝醫師（左2）及謝太太（左1）以及方武忠醫師參訪埔里基督教阿尼色弗兒童之家。

圖2-2

在埔里基督教阿尼色弗兒童之家，驚喜地看到陳樹菊女士的壯舉之一，她所捐贈的房屋，給孤兒及失去家庭溫暖的兒童居住。在大門左側清楚寫著「賣菜阿嬤的愛心-樹菊之家」。

圖2-3

筆者與內人於2017.10.09到南華大學請教釋慧開教授佛學問題，會後在校園和釋慧開教授（中）及黃素霞館長（右）合影。雖然筆者與慧開法師對某些宗教或佛理的看法稍為不一樣，但是對佛學的關心則一致。黃館長犧牲假日陪我們談佛理，也著實難能可貴。

參考文獻

1. 《中國之命運》，蔣介石著，中正文教基金會提供線上閱讀，聯絡地址：台北市中正區濟南路一段15號12樓，更新日期：2017.06.20
2. Oswald Spengler（1880-1936）
3. 《西方的沒落》(The Decline of the West），史賓格勒著，陳曉林譯，華新出版有限公司印行，民國64.10.30再版。
4. Helen Keller："Three Days to See", published in Atlantic Monthly, January, 1933。Adopted & translated from the website of the American Foundation for the Blind。
5. Mrs. Ann Sullivan Macy
6. Parthenon
7. Auguste Rodin（1840～1917）
8. Anna Pavlova
9. Johann Wolfgang von Goethe
10. What is important in life is life, and not the result of life.本句摘自https://www.brainyquote.com/

quotes/quotes/j/johannwolf150561.html。

11. 《人間佛教佛陀本懷》，星雲大師口述，佛光山法堂書記室-妙廣法師等記錄，佛光文化事業有限公司出版，2016年5月出版。

12. 《生命是一種連續函數》第255～256頁，釋慧開著，香海文化事業有限公司出版，2014年6月初版二刷。

13. 「景公游于牛山」，典出《晏子春秋．內篇諫上》，亦見於《韓詩外傳》卷十。

14. Soul Survivor：The Reincarnation of a World War II Fighter Pilot. Copyright～2009 by Andrea Leininger and Bruce Leininger, Grand Central Publishing, Hachette Book Group, 1290 Avenue of the Americas, New York, NY10104。First Edition：June, 2010.

15. James Leininger

16. James Huston

17. 星雲大師著作：《人間佛教的戒定慧》，佛光文化事業有限公司出版，2013年8月初版。

18. Statistics Canada（Statistique Canada）, by Colin Lindsay：Canadians attend weekly religious services less than 20 years ago, Date modified:2008-11-21.

19. From Australian Bureau of Statistics and adopted by Wikipedia, with last modified on 5 April 2017.

20. Church membership
21. UK Church Statistics, 2005-15, by Clive D. Field,posted on June 26, 2011.
22. Bertrand Russell（1872～1970）
23. Bertrand Russell：Why I Am Not a Christian, Watts & Co., for the Rationalist Press Association Limited, 1927. First published as a pamphlet and reissued many times since then.
24. The British Humanist Association
25. 《從異教徒到基督徒》，林語堂著，謝綺霞翻譯，德華出版社出版，民國70年7月初版。
26. 謝宇程撰文：「旅台以色列教授：以色列教育『沒有』比台灣好！兩地人才素質落差是因為…」，商周.com，2015.10.01
27. 美國在臺協會：「2006 年度國際宗教自由報告-台灣部分」，2006.09.15發布。引用自維基百科，頁面最後修訂於2017.05.26。
28. 中央研究院社會學研究所研究員楊文山：「基督信仰在台灣：2012年基督信仰與社會研究調查。」第二章台灣地區個人與家庭宗教信仰。
29. 王俊中：「救國、宗教抑哲學？——梁啟超早年的佛學觀及其轉折（1891～1912）」，史學集刊第31期（1999.06）第93~116頁。
30. 《說佛》，梁啟超著，海鴿文化出版圖書有限公司出版，台北市，2011.01.01二版一刷。

31.《愛因斯坦傳》（Einstein：The Life and Times），克拉克（Ronald W. Clark）著，張時譯，天人出版社印刷出版發行，國際文化事業有限公司總經銷。出版日期未註明，筆者1975年購入。

32. Immanuel Kant（1724～1804）

第三章

健在活到老 延命不臥床

3-1

風燭殘年不可怕，維生臥床是夢魘

在傳統社會，常比喻行將就木的老人處於「風燭殘年」，意指老年人像風中的燭火隨時都可能熄滅。「風燭殘年」這句話，一說出自晉朝王羲之《題衛夫人筆陳圖后》：「時年五十有三，或恐風燭奄及，聊遺教于子孫耳。」也說出自《古樂府・怨詩行》：「百年未幾時；奄若風吹燭。」。不管如何，古時候的人一旦被判定「風燭殘年」，可能很快就掛掉，理由很簡單，醫藥不發達，現代社會看到的許許多多延命措施，古人無法享用到。嚴格說來，這說不定是好事，因爲比「風燭殘年」更慘的，是在延命措施下臥床至死的老人，足不出戶，不是安享天年，反而比較像是住「牢房」。這樣的說法一點都不誇張，看我們進一步分析就知道。

根據日本篠田孝典著、吳海青譯《續・下流老人》一書中的報導[1]，日本厚生勞動省的「平成二十七年簡易生命表」（二〇一五年）的平均壽命統計，男性是八〇・七九歲，女性是八七・〇五歲，相較於三十年前的一九八五年，男性大約多了六歲，女性則多了七歲的壽命。粗看這數字，大家都會很開心，畢竟延年益壽是千百年來，大家最期望的祝福用語之一。現代社會拜經濟發達、醫藥科技進步之賜，居然做到了古人的夢想。

但是，從另外一個角度看，如果依照二〇〇〇年WHO主張的健康壽命，也就是「平常不需要依賴醫療和照護，可以靠自己的力量維繫生命，度過日常生活」的壽命，則二〇一三年日本「健康壽命」的平均值，男性是七一・一九歲，女性則爲七四・二一歲，相較於該年的平均壽命，男性差了九歲，女性大約差了十二歲。[1]這巨大的數字差距，顯示現代延年或益壽的部分，很多不是靠自己的健康身體而存活，其中有不少是靠維生設備臥床的人。

台灣的情況，其實差不了多少。根據一篇報導[2]台灣人死前臥床時間比北歐國家多七年以上，而北歐地區民眾從失能到死亡，平均時間爲二周至一個月。臥床離不開病房或住家，嚴格說來，比犯人住「牢房」還慘。後者至少還能行走，遇到「放風」時，還可以在院子裡散步。而多數臥床的老人，就在床上終其一生。如果這個人意識還清楚，禁錮在床上日復一日，絕對不會是他（她）當初期待的晚景。如果這個人意識不清楚，在床上的日子，將成爲子女的夢魘，因爲一旦用上維生設備，在東方國家，目前的氛圍仍難容許子女輕易移除這些儀器設備，以免冠上不孝之名，只能一天拖過一天。

親人在床上的日子，如果讀者不幸親身經歷，一定會同意一位印度女士史娃娜在網路上分享照顧她臥床媽媽一年的經驗。[3]從包尿布、換尿布、皮膚搔癢，陰部皮膚起濕疹要照顧、尿道發炎、牙齒脫落發炎、吞嚥困難、嗆到導致吸入性肺炎要就醫，問題接踵而來，彷彿永遠處理不完。看著媽媽用盡全身力氣，只爲了咳出一口痰的痛苦。病情不時起伏，必須反覆住院，好像一場又一場打不完、也似乎毫無勝算的仗。差可安慰的是，由於她細心的照護，沒有褥瘡發生。透過肢體接觸，母女偶而可以傳達關愛的訊息。不過，這只是長期照護的開端，可以確信，這位看來相當孝順的女兒，已經被「長照」罩住，變成「長罩」！

另一位《今日美國》[4]專欄作家麥可・沃爾夫，更在雜誌寫了一篇長文，名字就叫「讓我媽媽走吧！」。[5]作者在文章的開頭，與讀者分享一張一九五八年他小時候和媽媽及他姐姐和樂融融的照片，並拋出一句話：「如果您的母親事事都無法親力而爲，您要怎麼辦？」[6]作者在執筆寫本篇文章時，媽媽八十六歲，過去一年半臥床，科技讓她活下去，卻看不到未來。換尿布時可以聽到媽媽不爽的嚎叫；抱怨下肢太緊，卻沒有醫師可以解決她的問題；有一次晚上洗澡時滑落浴缸，無力爬起來直到天亮鄰居聽到哀號進來解決。當然，他也立即加裝所有可能的安全配備來預防再發。原來主動脈瓣狹窄的問題惡化到須要開刀解決，醫師們慫恿家屬讓病人手術，可以多活幾年，但是，她的語言能力也退化到難以溝通，造成她極度地沮喪。進出急診室是常態，接著又是嚴重的癲癇。抗癲癇藥的副作用，讓她更難以理喻。生活已經到了毫無品質的地步，作者及兄弟姐妹想讓她住安寧病房，卻不符合「會死但不是很快就死」[7]的原則，當然被拒絕。很顯然地，他媽媽的「長照」變成他及兄弟姐妹的「長罩夢魘」！

3-2

一失足成千古恨

「一失足成千古恨」的傳言，由來已久。《隋唐演義》第六十五回記載：「諺云：一失足成千古恨，再回頭是百年身」。《二十年目睹之怪現狀》第八十九回也有同樣的說法。當初寫下這名句的人，其原義已不可考。後人都解讀一不小心判斷錯誤、做錯事，或踏錯一步，後悔就來不及，形成「千古恨」。

其實，細究字義，不得不佩服古人眞聰明。古代人最怕腳受傷或骨折，一旦發生，若在戰場上作戰，或被敵軍當場殺死，或被移動的軍隊棄置荒野，飢寒交迫至死。就算一般人，到山區打獵，或到農地耕作，一不小心失足骨折，動彈不得，若無同伴立即救援，也可能失血過多致命，或被野獸當美食送命。若家人不曉得他在那裡，無從找起，也可能飢寒交迫至死。就算找到回家，後續的發展，不一定樂觀，有可能感染，有可能長期臥床，其身心煎熬不言可喻。

「一失足成千古恨」，雖然被後人解釋爲一旦犯錯墮落，便遺憾終身；其實，其原始意義，再單純不過了，就是要寶貝我們的雙腳，一旦受傷、骨折，不堪使用，性命必然垂危，而這麼樣死的人，好比「坐以待斃」，其恐怖的情況，猶勝今天因癌症而死的人！

現代醫療進步，腳受傷或骨折的治療，多已經不成問題。但是對現代人的雙腳，最大的威脅反而在慢性病。無論是骨質疏鬆造成骨折，退化性的膝或髖關節炎造成關節疼痛、僵化，均不利於行，甚至於糖尿病等造成下肢循環不良，引起皮膚潰瘍糜爛，逐漸進行到截肢，在在都威脅到病人的行動及生命。以髖關節骨折為例，有一報告研究七十至七十六歲左右的人，無糖尿病的髖關節骨折患者，一年死亡率達一三%，若合併糖尿病，則一年死亡率更高達三二%。[8]

另一報導骨質疏鬆造成老人髖關節骨折的九十天內死亡率達七·五%，而五年存活率，則和乳癌患者相當。[9]以現今醫療技術這麼發達，下肢尤其是髖關節骨折的威脅，居然和癌症相當，足見其嚴重性。在拙作《醫療大觀園：避免成為看病劉姥姥的就醫指南》一書中的第七章「良藥苦口？還是良藥虎口？」，我們特別提到用藥不當，可以造成老年人髖關節骨折的機率顯著地大幅增加，特別是同時服用多種藥物時，增幅的倍數驚人，絕對不能掉以輕心！

就算不骨折，老年人還是有下肢血液循環不足造成的問題，其中又以糖尿病足最具代表性。英國一份報告顯示，糖尿病足若無皮膚潰瘍，其平均壽命為七十三歲，若合併潰瘍，則減少五年到六十八歲，而兩者都比英國國民的平均壽命八十一歲低很多。[10]

上述幾份報告足見「失足」的危險。老年人若要健在活到老，重大器官如心肝肺腎腦等，雖然常常成爲一般人強調的重點，但是就各別器官系統衡量，儘管「失足」不至於有致命性的危機，卻是行遠必自邇的必備工具，因此，寶貝自己的雙腳，也應該列爲第一優先。從預防骨質疏鬆，小心多重用藥的危險，到好好控制糖尿病，避免下肢血液循環惡化，每一樣都得留意。

如何寶貝自己的雙腳，個人有些心得，可以提供讀者參考。我和我母親一樣，下肢都有靜脈曲張的問題。我母親曾因蜂窩性組織炎引發敗血症，差一點送命，後來接受傳統隱靜脈高位結紮併抽除手術，總算稍減症狀，但是下肢仍不時水腫阻礙循環，甚至於引起潰瘍，只好長期穿彈性襪因應，還好至今超過四十年未再惡化。我自己則從接近五十歲開始，受到下肢靜脈曲張的困擾，尤其右側腳踝附近皮膚不時潰瘍，於是狠下心來，長期穿彈性襪因應。燠熱的天氣穿兩層襪子，有時很不舒服，但是爲了保肢，絕不能例外偷懶，也因此，至今十八年下肢靜脈曲張也未再惡化。只是今年四月，曾有一陣子貪心，運動過了頭，連續幾天走路超過一萬五千步，右下肢漲痛、攣縮僵硬，步履維艱，顯然是血液循環不足以供應過度的肌肉使用。於是立即讓雙腳休息幾天，然後緩緩恢復每天八千至一萬步的行走運動量。「足」堪負荷後，人就沒事。

也是大約五十五歲左右，我太太服務的新陳代謝科門診，引進一台測量骨質疏鬆的儀器，試用期間，我也躬逢其盛，去測試一下。這一來不得了，我骨質疏鬆的程度已經超過七十歲的年齡。老婆大人難以置信，還想用內科方法，亦即食補加藥補，希望很快補充我那不像話的骨質。身爲外科醫師，仍堅持外科療法，並深信用進廢退的原理，同時觀察到太空人在失去重力下很快會骨質疏鬆，於是加強運動，加重下肢負荷，同時改變飲食，減少碳水化合物的比重，相對地增加蛋白質及脂肪的量。十年後，我的骨質和我的年齡相稱，預測十年骨鬆骨折率爲低度風險。

當然，每個人面臨的身體問題，包括下肢的狀況，絕對是獨一無二的，他人的經驗不能完全複製，但是不妨參考，希望年紀大的人能避免「一失足成千古恨」的風險！

3-3 運動不是初一、十五的事

只要略懂中文，沒有人會不曉得「活動」的意義，要活就要動，只是怎麼動才是健康活下去的關鍵？這樣的問題，大概不容易找到標準答案，因爲運動的方式非常多元，每個人運動的頻率及強度，又難以放在同一座天秤上衡量。最重要的是，要找到足夠多的人，在可以很客觀的方式下，測量運動的成效，尤其對一般人最關心的壽命或死亡率的影響，更是難上加難。這樣的研究，眞的要有愚公移山的精神和毅力，方足以成事。

國家衛生研究院溫啟邦教授領導的團隊，眞的就這樣硬著頭皮幹下去。他們找到四十一萬人，其中男性將近二十萬人，其餘爲女性，男女數目差異不大。在這大規模且前瞻性，又追蹤長達八年的研究裡，他們發現每天十五分鐘或每週平均達九十二分鐘的低強度運動的人，比起平常不運動的人，可以減少死亡率一四%，或增加壽命三年。如果每天運動再拉長十五分鐘，死亡率可以再減百分之四。這種效益沒有性別差異，對有心血管疾病的人，一樣適用。由於這樣的研究結果，適用於全球所有族群的人，而且這樣的運動惠而不費，所以可以發表在全球頂尖的刺胳針期刊，並且廣受大眾的矚目。[11]

美國楊百翰大學塔克於二〇一七年發表的研究，正好呼應溫啟邦教授的卓見。塔克研究一九九九年到二〇〇二年間，參加簡稱NHANES研究的五千八百二十三名成人，男女都有，依其身體活動的程度，分成久坐不動或低度、中度及高度活動三個等級。屬於高度活動者，相當於女性每天慢跑三十分鐘，或男性每天慢跑四十分鐘，一星期至少五天。發現高度活動者，其染色體端粒長度換算出來的生物年紀，足足比久坐不動或低度活動者，年輕九歲。雖然高度活動者，比起中度活動者，也顯著較年輕，分別是八．八歲及七．一歲，中度活動者仍然遠比久坐不動或低度活動者，生物年紀上年輕非常多。[12]可見東西方的研究結果一致，正應了英雄所見略同的名言，也對要活就要動，提供最具說服力的科學證據。

活得老還要活得好，是每一個人的期望。讀者文摘的編輯，曾就這個問題，請教三位抗衰老人士的高見，得到三個簡單易行的重點：

一．不停地動，活化血液循環，維持活力。

二．維持神智清明，藉閱讀、寫作、打橋牌、演奏等保住大腦功能。

三．伸出雙手，敞開胸懷，懂得愛人與被愛。[13]

這三點都很重要，其中，第一點筆者要先講，因為從小到長大，活在物資不發達的年代，每次聽到或看到報章報導百歲人瑞，都有一個共通的特點，就是勤快，閒不住，從早忙到晚。吃的東西多不太講究，以當時環境，也無法講究。後來接觸的身邊的人，吃得越來越好，卻越來越不動，各種疾病也越來越早發生。印象最深刻的兩個朋友，都不是好吃懶得動的人。其中一個，每星期還有兩、三天的運動習慣，但是不幸地，還是在六十歲不到的年紀就中風，從此身體半邊癱瘓；另一位是常常參加馬拉松比賽的壯年人，五十歲不到的年紀就中風，因爲只有假日才運動，平時工作忙碌，無暇讓身體隨時活動一下。因此久坐的工作，即使有間歇的運動，恐怕仍不理想，最好養成「隨時活動一下」的習慣。

曾在一九八四年洛杉磯奧運與一九八八年漢城奧運女子短跑項目摘金奪銀，媒體暱稱「花蝴蝶」的葛瑞菲絲[14]，被喻爲「當代跑得最快的女人」，卻在短短的三十八歲年紀就香消玉殞。雖然她的猝逝，有人懷疑與使用興奮劑禁藥有關，但苦無證據。就像很多運動員，年輕時非常積極運動，謀求傑出的表現。若他們年紀大時繼續維持良好習慣，可以比一般人多活二・八歲。[15]相反地，若不珍惜身體，煙酒不忌，不再勤快運動，也可能比其他行業的人少活幾年。[16]花蝴蝶是否屬於後者，無從對證，可能性應該非常大。

活得好的另外兩個要件，其實和「活動」本身也密不可分。閱讀、寫作、打橋牌、演奏等，不僅可以持續保住大腦功能，也讓持續養成習慣的人，隨時有事可做，活動筋骨。至於敞開胸懷，懂得愛人與被愛的人，不可能劃地自限，等著別人來關懷，必須主動親近他人，參與各種活動才能畢其功。

歸根究柢，無論是溫啟邦教授的報告，或讀者文摘的報導，不僅印證百歲人瑞的長壽之道，關鍵在動，而不在飲食的粗糙與否。而且這種可以延年益壽的活動，絕對不能比照很多老年人初一、十五吃素一般，久久才動一下。從活化血液循環的觀點看，甚至隔天才運動一次，恐怕也不夠。

現代人太在意飲食的內涵，甚至於對各種食療，趨之若鶩，彷彿靠飲食就可以養生治百病。對祖先留下的金玉良言「活動」，反而視而不見。我們常低估自己身體的潛能，更常高估坊間專家的意見，忙著爲健康而精挑細選食材，忙著聽專家的意見而吃。試想這世界上最可愛的動物之一貓熊，百分之九十九的食物都是竹子，以世俗人的眼光看，這是嚴重的偏食，但貓熊卻長得好好的。同爲人類的愛斯基摩人，每天吃的都是海豹、北極熊、魚、馴鹿等高油脂食物，沒有蔬菜、也沒有任何水果，但是他們少有高血壓、心臟病或腦中風等心血管問題，連不吃蔬菜缺乏維他命C造成的壞血病也沒有。當然他們吃的都是沒有污染，沒有人工添加物的食材。而且生食或半熟食的肉類，不會因烹煮而氧化，養分少遭到破壞，還能保有維他命C。

由此觀之，一般人實在沒有必要在飲食上大作文章，而忽略運動的重要性。如前所述，如果你問百歲人瑞，他（她）們每天吃什麼？答案也一樣出奇地簡單：有什麼就吃什麼，很多人會告訴你，他（她）最喜歡吃的食物，是很不符合營養專家口中健康食物的焢肉飯或滷肉飯！從來沒有活得好的人，是單靠吃得好長命百歲。除非身賦某種特殊疾病或治療上的須要，只要不偏食，對各種食療處方的狂熱追求，實在沒必要。

3-4 看病不賭命，異狀不能掉以輕心

看病對台灣老年人是最稀鬆平常的事，所以才有流行的冷笑話：「老張今天爲什麼不來看病？」「因爲他生病了！」

由於就醫方便，近似浮濫，又缺乏家庭醫師可以隨時詢問，在台灣，多病的老年人，勤跑醫院看病是常態。身體好的時候，可以自己來，或家人甚至於外勞陪同下，穿梭各專科看診。身體不好的時候，不是躺在家裡，就是被送到醫院，常常從急診室住院治療，當然就不會「現身」門診處。在拙作「醫療大觀園」一書，已經就如何避免成爲看病劉姥姥，亦即避免鬧笑話乃至於傷身害命，做一概述。但是，醫療是極端複雜的事業體，該注意的事項，永遠不嫌多。

《讀者文摘》英文版在二〇〇六年八月那一期，封面赫然出現一篇題目非常令人聳動的文章，翻譯成中文就是「醫師如何賭你的命：七招教你保護自己」。[17] 即使該文章刊出已經超過十年，裡面提到的警語，依然歷久彌新。作者從兩例醫療錯誤受害者的觀點出發，一例誤信醫院發錯的檢查報告，接受不必要的大手術，還產生重大併發症。另一例發

生在本人就是有相當經驗的外科醫師身上。後者因手臂問題接受手術，術後因石膏太緊影響血液循環，自己及時下決定鬆開，沒有聽原知名主治醫師可以再等等的話，幸運挽救該手臂，免致殘廢。因此衍生七招教每一個看病的人，懂得保護自己：

相信直覺，以自身權益為重。

找對醫師和他的團隊。

檢查／檢驗結果要確定是自己的。

有疑慮要重複檢查／檢驗。

攸關性命檔案保存妥當。

隨時攜帶重要的檢查／檢驗資料備查。

感覺不妥時尋求第二意見。

醫師不是神，也不可能扮演上帝的手，有些名醫因為病人多，要清楚每一個病人的身體細節，難免有困難，病人一定要確認醫師清楚自己的病。每一種治療，甚至於每一顆藥，對每一個病人產生的作用或副作用，常常是獨一無二的。這在拙作「醫療大觀園：避免成為看病劉姥姥的就醫指南」中，已經舉了不少例子，包括恩師邱智仁教授術後用藥的獨特反應，幾乎要了他的命。除了勤於查文獻，找到對自己病況最吻合的解釋，有時不妨相信直覺，並立即與醫師表達，當機立斷做以自身權益為重的決定。

即使現在的醫療制度，在防呆、防誤上，已經做到幾近於天衣無縫，所有的檢查／檢驗結果，還是要確定是自己的，特別是這項結果，和自己目前身體的狀況有相當地出入時。如果這項結果，導致必須接受手術或侵襲性治療，自己仍有疑慮時，重複檢查／檢驗，是明哲保身不二法門。當然，若對於一個醫師的說詞感覺不妥時，不必忌諱，積極尋求第二意見。

俗話說：天有不測風雲，人有旦夕禍福，人的病有可能一日三變，因此官裕宗醫師在其所著《官裕宗醫師眞心話》[18]一書中，特別提到「有位好友的夫人才五十來歲，因高血壓、高血脂長期服藥。有一天她先生看完電視，回房就寢，竟發現夫人已經斷氣。追究起來，前幾天就發現血壓收縮壓降到60mmHg、頭微暈，因爲長期處方還有藥，以爲過幾天就要回醫院看診，不料就此長辭。」

官醫師舉「孔子公不收隔日帖」的諺語，對長期處方有所質疑，但是，從另一個角度看，現代看病的老年人實在太多，如果病況穩定者不給長期處方，每個人都要兩、三天看一次，再多醫師、再大的醫院也容納不了。何況老年人往返醫院及住家奔波，次數太多，絕對不堪負荷。在這不得已的情況下，手頭握有長期處方的人，不僅醫師交代的事病患自己要遵守，也要不時自我測量關鍵的生命數據如血壓或血糖，把記錄在回診時交給醫師看。現代的慢性病人，不能只有被動看病吃藥，必須主動掌控自己的病情，有任何變化都不能掉以輕心，才能掌握自己的命運！

老年人不僅病多、藥多，身體的狀況也多，而器官卻一天天老化、退化，過去一顆藥量，控制血壓、血脂或血糖，也許剛剛好，總有一天會出現這藥量已經超過需要，若不適時調整，難保不出狀況。而多重用藥的劑量，更難以事先精準地掌握。所以，身體有任何異狀，都要小心，即使須要多跑一趟醫院，多煩一下已經忙得不可開交的醫師，也總勝過官醫師提到的那位夫人不幸的結局！

3-5

插管或造口，不要成為後悔的藉口！

「雙管齊下」是國人常用的成語，比喻同時採用兩種方式或兩種工具來辦事，以收一箭雙鵰之神效。據說語出自唐朝一名畫家張燥，他擅長畫山水、松樹。張燥作畫的時候，能左右手各執一管筆，同時在紙上作畫。一管筆可以畫蒼松，另一管筆畫枯枝，樹姿惟妙惟肖，任誰看了都感到驚奇。「雙管齊下」之名，不脛而走。左右開弓，彷彿神來之筆，事半而功倍。

在急救病人的時候，爲了迅速挽回病人的性命，常常雙管甚至多管齊下，在最短的時間，讓病人呼吸、心跳、血壓迅速恢復，液體立即補充，同時注意尿液有沒有流出來，是否要放鼻胃管減壓或給予管灌飲食，也須當機立斷。這裡提到的每一個步驟，幾乎都要放一根管子。如果病人有氣胸、血胸或膿胸，胸腔又多一根管子。爲救命插管，再多也無妨。但是，管子要在正確的時間插到正確位置，固然不容易，要家屬決定插不插管？對於末期、意識不清或重病在身，生活已經無法自主、生命也沒有品質的病人的家屬，其實更難。這不是單純救命的問題，而是命救了以後，病人是不是苟延殘喘度餘日的問題！

和插不插管可以比擬的另一個問題是造不造口？通常會面對這問題的，也一樣是末期、意識不清或重病在身的病人的家屬。氣切造口或胃造口是其中兩個最常做的延命造口術。前者爲了一口氣，後者爲了一口飯。通常做了以後，照顧起來方便得多，命也長得多。但是，意義在那裡？以腦中風導致意識不清的病人爲例，執行早期氣切造口的確有助於縮短加護病房住院時間及短中長期死亡率，但是留下嚴重失能的餘生[19]、[20]，是不是要病人自己或家屬承擔長期、無底洞一般的照護？

我一個近親的長輩，腦中風導致意識不清的當下，爲了做不做氣切造口和胃造口，子女爭執了好幾天，終於有一位「不忍人之心」的子女，拉大嗓門喊「切」，其他子女不敢有異議。這位長輩就在氣切造口和胃造口，雙口庇護下，在安養中心度過好多年。根據這位近親的描述，這位已經失去意識的長輩，不但日子過得像住「牢房」一般，事事任人擺佈，連脫光衣服洗澡的品質，都讓子女看了直搖頭。若這位長輩事先知道病後造口的生活品質，相信他會選擇一走了之。

蓮花基金會董事長、前台大醫院神經科教授陳榮基，曾針對一位吳女士護送呼吸困難的癌末父親到急診室的痛苦經驗，發表意見。[21]雖然這位女士的父親事先簽過「選擇安寧緩和醫療意願書」，並依法註記於健保卡，決定臨終不要插管急救。但是在急診室醫師逼問：「救不救？妳決定」的氣勢下，仍然慌了手腳，做了插管的決定。當然這位父親插管後，經過「兩星期加護病房的折磨後」，還是死亡！事後吳女士一直抱憾，無法原諒自己。因此陳教授才寫下「讓醫師拼到底才是孝順？病人的死亡都是失敗？」的文章，希望醫師要多尊重病人及家屬的意願，讓病人及家屬能做出最不會後悔的選擇。

無論是我那位近親的長輩，還是吳女士的父親，可能只是未能徹底執行安寧緩和醫療，或在簽下執行侵襲性插管或造口同意書前，未能冷靜思考其長遠後果，率爾下決定的眾多例子之一，事後注定會後悔一輩子。很悲哀的是，這兩個例子，可能還不是最慘的。成大醫學院護理系趙可式教授，就曾經花三個小時爲一名癌末死亡的病人，清除身上三十七根管子！[22]任誰都可以想像得到這位病人，死亡的過程多麼地痛苦又沒有尊嚴。

國立臺北大學法律學系鄭逸哲教授的話，值得我們愼思與選擇，他說：「若不想藉助『維生介入』而『硬拖』，不上醫院，一下子就『善終』了！上了醫院，因有『維生介入』，就必須由『醫事人員』爲之『拔管』，方得以『善終』。」[23]這裡提到拔管，也適用前述之插管。鄭教授的話，簡單明瞭，如果末期、意識不清或重病在身的人想善終，在目前，最好的方式就是在家裡留到最後一刻。一旦送到醫院，能不能善終，無法完全操之在己！

當然，拔管牽涉到的問題更大，就如同鄭教授說的，爲使醫事人員無後顧之憂，也讓病人拔管之後，可以好走，在立法上，必須就符合「善終要件」的病患，才能解除醫事人員救人爲天職的醫療義務，並且還要「明定執行『拔管』的『醫事人員』不適用『加工自殺構成要件』」[23]目前，這樣的條件和環境，仍在建構中。在時機成熟之前，也許我們必須在「插不插管？造不造口？」前，先有一翻深思熟慮，不要事到臨頭，才倉促做出可能會後悔一輩子的選擇。

參考文獻

1. 《續・下流老人——政府養不起你、家人養不起你、你也養不起你自己，除非，我們能夠轉變。》籐田孝典著，吳海青譯，大雁文化事業股份有限公司，台北市，2017年5月初版。
2. 林巧雁：「台灣人死前臥床時間比國外多7年以上」，2016.08.15發表於蘋果即時。
3. https：//swapnawrites.wordpress.com/.../a-year-of-care-for-bedridden-de
4. USA Today
5. Michael Wolff：Let my mother go. This article originally appeared in a longer version in New York Magazine on Saturday 21 July 2012 22.00 BST. https：//www.theguardian.com/society/2012/jul/21/mother-dementia-care-elderly-michael-wolff
6. What do you do with your mom when she can’t do anything for herself?
7. Not for the certainly dying but the promptly dying.
8. Gulcelik NE, et al：Mortality after hip fracture in diabetic patients, Exp Clin Endocrinol Diabetes. 2011 Jul;119（7）：414-8.

9. Southerland LT, et al··Fractures in Older Adults, in AHC Media on May 1, 2014. https··//www.ahcmedia.com/articles/118940-fractures-in-older-adults
10. Chammas NK, et al··Increased Mortality in Diabetic Foot Ulcer Patients··The Significance of Ulcer Type. J Diabetes Res. 2016; 2016··2879809.
11. Wen CP, et al··Minimum amount of physical activity for reduced mortality and extended life expectancy··a prospective cohort study. Lancet. 2011 Oct 1;378（9798）··1244-53.
12. Tucker LA··Physical activity and telomere length in U.S. men and women··An NHANES investigation. Prev Med. 2017 Jul·-100··145-151.
13. Bruce Grierso撰··「活得老活得好」，《讀者文摘》中文版2017年7月，第102～109頁。
14. Florence Griffith Joyner（1959～1998）
15. Alexandra Sifferlin··Faster, Stronger, Longer··Olympians Live Longer than the Rest of Us, Time Magazine, Dec. 14, 2012.
16. Tom Jacobs··The Price of Fame for Performers and Athletes-Shorter livers, Pacific Standard, Apr 18, 2013.
17. Gallin PF, M.D. and Vetter JK··Gambling with your life-Millions of medical mistakes happen in the lab. Here' s how to protect yourself. Reader’ s Digest, August, 2006, p124-131.

18. 《官裕宗醫師真心話》，官裕宗著，元氣齋出版社有限公司出版，2015年7月初版。

19. Bösel J, et al：Stroke-related Early Tracheostomy versus Prolonged Orotracheal Intubation in Neurocritical Care Trial (SETPOINT)：a randomized pilot trial . Stroke. 2013 Jan;44（1）：21-8.

20. Holloway RG, et al：Prognosis and decision making in severe stroke JAMA. 2005 Aug 10;294（6）：725-33.

21. 陳榮基撰文：「醫病平台——讓醫師拼到底才是孝順？病人的死亡都是失敗？」，2016.12.13聯合新聞網，原文出處《民報》。

22. 《生命是一種連續函數》第255～256頁，釋慧開著，香海文化事業有限公司出版，2014年6月初版2刷。

23. 《醫療刑法「一句到位」88》，鄭逸哲著，金樽企業股份有限公司承印，瑞興圖書股份有限公司、臺北大學法學院圖書部經銷.2017年2月初版。

第四章

病人可以自主 善終在於自決

4-1

病人可以自主？活著不一定是贏家！

於一〇四年十二月十八日立法院三讀通過的「病人自主權利法」，允許特定條件的人「預立醫療自主計畫」[1]，也就是預先表明接受或拒絕一部分或全部之「維持生命治療與人工營養及流體餵養」，其中維持生命治療項目包括心肺復甦術、機械式維生系統、血液製品、爲特定疾病而設之專門治療、重度感染時所給予之抗生素等任何有可能延長病人生命之必要醫療措施。

這法案預計於民國一〇八年一月六日實施，將有助於原先末期病人才能「享有」的「安寧緩和醫療條例」中，不施行「心肺復甦術」或「維生醫療」的權利，也在預先立下之「預立醫療自主計畫」下，讓植物人、漸凍人、重度失智症患者、罕見疾病患者及其他經中央主管機關公告之病人疾病狀況或痛苦難以忍受、疾病無法治癒且依當時醫療水準無其他合適解決方法之情形者，也「享有」接受或拒絕一部分或全部之「維持生命治療與人工營養及流體餵養」。

既然是預立的醫療自主計畫，又和「善終」脫離不了關係，它基本上是「善終權」

的預謀行為，也具備「安樂死」的內涵，只是在目前國內的環境，還不方便明說，何況它適用對象也有限制，立法的周延性更備受挑戰，所以臺北大學法律學系鄭逸哲教授（圖4.1）就給它一個名字：「沒有『安樂死』之名的『安樂死法』」[2]。從鄭教授的觀點看，此法有三大問題，極待彌補或釐清。首先，缺乏病患意願再度確認程序，未預立醫療決定者，本法即不得適用。在病人意識昏迷或無法清楚表達意願時，現行制度也欠缺配套措施，來確保病人的醫療自主權得以實現。而且早先預立的計畫，也許幾年後隨著醫療科技的進步，原先注定沒救且會一路惡化的疾病，也許得到解方，但是，要更改預立的計畫，撤回意願時，依法「應通報中央主管機關廢止該註記。」。

其次，對執行「除去維生介入」而致病人死亡的醫療從業人員，該法雖然表示「醫療機構或醫師依本條規定終止、撤除或不施行維持生命治療或人工營養及流體餵養之全部或一部分，不負刑事與行政責任」，但是根據鄭教授的瞭解，「若醫事人員就『僅依賴維生介入』而『推延死亡』的病患，依其意願而『除去維生介入』而致其死亡，該醫事人員是否仍犯加工自殺罪？就此，得到的竟是極為駭人的回答：『還是不法，只是不罰！』」[2]後者說明，如果按照目前的條例執行「終止、撤除或不施行維持生命治療」，醫事人員仍有相當風險。

上述風險的根本癥結，如鄭教授所言：「該法拒絕司法裁定事先介入」，也就是缺乏像國外執行「安樂死」前，「對於醫事人員執行介入均先以司法准許裁定予以『背書』」。這令人想到在二〇一七年七月二日媒體報導[3]，英國大奧蒙德街醫院，於六月卅日得到倫敦高等法院、上訴法院、最高法院一致支持，得以拔除一名罹患「粒線體基因缺乏之症」[4]罕見疾病、不到一歲的嬰兒身上的維生系統。這名爲查理．賈德[5]的嬰兒，腦部已經受損，肌肉與呼吸功能也受到嚴重影響，此外還有先天性耳聾與重度癲癇。最高法院六月初說，延長查理生命「不符合他的最佳利益」。查理的父母再上告歐洲人權法院[6]，希望翻盤，歐洲人權法院六月廿七日卻說此案例涉及「敏感道德與倫理議題」，拒絕介入。這起受到全球矚目的案件，除了凸顯法院的認定，即專業醫師遠比孩子的親生父母，更能斷定病童的「最佳利益」，還說明鄭教授最關心的「司法裁定事先介入」，在英國這個案子表露無遺！

這案子涉及「生命處分權」的行使，是否符合被處分者的「最佳利益」？以查理．賈德爲例，無論法官、醫師或他的親生父母，僅能就他們個別所能及的立場，表達查理的「最佳利益」。很不幸地，這所謂的「最佳利益」牽涉到極嚴肅的問題：「好死」還是「苟活」？以目前醫學的狀況，就算能用基因或核苷療法治療查理，其生機仍然渺茫，何況就算活下來，也是極度殘缺不全的人，若眞有一天活到成人，查理會是贏家嗎？

前英特爾總裁安迪葛洛夫先生於一九九八年罹患攝護腺癌，二〇〇〇年又被診斷出帕金森氏症。以他當時在世界尖端科技界舉足輕重的地位，其個人治病的過程，自然牽動世人的注目。後來寫成一本暢銷書《活著就是贏家》[7]，也非常貼切地反映這位呼風喚雨的科技界大人物，活著的每一天都有其重大意義。但是，對於一般升斗小民，又罹患多重疾病，連「能夠順利大便，就心滿意足」[8]，這樣辛苦地度過每一天的情況下，活著是不是贏家？大家應該心中有譜了。

9-2

好不好走，貴在生前計劃，不在身後祝禱

二〇一七年五月二日媒體報導知名作家瓊瑤照顧失智丈夫平鑫濤心力交瘁，在臉書上發文提到三名繼子女在治療上與她意見相左，孩子們堅持插鼻胃管，她最終只能「含淚投降」，並以「背叛——別了！我生命中最摯愛的人」爲題，敘述「看到丈夫插管後痛苦的模樣，瞬間覺得自己背叛了他。」[9]

其實，類似瓊瑤這樣的例子，屢見不鮮。前面一章已經提到一部分。「病人自主權利法」雖然可以解決部分問題，也無法解決燃眉之急！何況由兒女決定生死，會陷入「天秤上兩難」[10]的困境，尤其子女多、口徑不一致時更常見。很詭異的是，通常嚷著「只要還有一口氣，爲什麼不救？」的人，是極少在身邊照顧病人的親人。不克長相左右產生的內疚，加上未曾參與照護，無法體會臥床治病的煎熬和插管帶來的痛苦，使得下令維生延命的家人，像隔空抓藥治病，不僅無濟於事，更帶給臨終病人及身邊負責照顧者無以復加的痛楚。

對於長期臥床，身上帶有管子或造口維生的病人，最生動的描述，莫過於宮本顯二、

宮本禮子在一本書中的一段話：「日本自民黨石原伸晃幹事長，在參觀見習過胃造口患者病房後，發表如下感想：『有許多已無意識的人，被插上管子活著。……要問我感想的話，我只能說—好像電影「異形」。就好像有異形把這些人的身體當寄宿對象，蠶食這些人的身體似的。』同時他又說：『我嚴正表述，絕不可無視人類的尊嚴，我個人也已和我妻子兩人決定絕不做那種東西（胃造口）。』」[11]

身上有胃造口，被插上管子的病人，被當作「異形」形容，也許太超過。但是，靜下來想一想，越多造口及管子在身上，的確越難擺脫扭曲的身形，更不用說它可能加諸在病人身上的不便。每一個人都會面臨生命的末期，任誰都想容顏端莊去面對那一刻，但是，以現代延命技術的發達，要死得有尊嚴，死得好看，生前還要做足功課才可以。

很值得玩味的是，人們幾乎多等死後才說「一路好走」，沒有幾個人認眞考慮如何在生前安排「一路好走」。其實，人死後好不好走，走去那裡？除非這個人宗教信仰很深，相信有天國或西方極樂世界在等他，否則人死安息，讓生者無掛礙，才是最天經地義的事。

「病人自主權利法」雖然於民國一〇八年一月六日才會實施，而且不甚完備，但是對於末期病人、處於不可逆轉之昏迷狀況、永久植物人狀態、極重度失智、以及其他經中央主管機關公告之病人疾病狀況或痛苦難以忍受、疾病無法治癒且依當時醫療水準無其他合適解決方法之情形的患者，的確提供解套。如果平鑫濤先生的問題發生在民國一〇八年一月六日以後，而且瓊瑤或平鑫濤已經預立意願書，就可能不會有「含淚投降」的憾事。

「病人自主權利法」可以預立醫療決定，但是要事先立下書面指明處於上述某一特定臨床條件時，希望接受或拒絕全部或部分之維持生命治療、人工營養及流體餵養。這是可以有多重選擇及組合的自助餐，而且也不失是立法者的良意。花蓮慈濟醫院心蓮病房王英偉主任透過財團法人中華民國（台灣）安寧照顧基金會，出版「預立醫療自主計畫手冊」，內容簡潔明瞭，足以提供打算預立醫療決定者參考。手冊模擬兩種疾病狀況，對於醫療處置，可以勾選下列幾項之一：

（一）用所有的方法延長生命。

（二）嘗試治療，但經常評估，若無效則停止。

（三）只願接受較沒有侵入性的治療。

（四）只希望接受舒適的治療。

（五）其他。

對於個別處置，病人可以勾選需要、還沒有決定或不要。[12]

當然，事到臨頭再簽署，絕對不是「病人自主權利法」當初立法者的原意，所以才要預立醫療決定。真有一天派上用場時，就必須有醫療委任代理人，做為醫療人員接觸的對象，而這位醫療委任代理人，不僅是親人，也是可以爲您做出最符合您意願的醫療處置的人。病人的配偶、伴侶、兒女、親戚或是摯友，都可以是醫療委任代理人。

既然是醫療委任代理人，這個人應該對生命的意義以及宗教信仰等靈性方面的信念，能和病人一致。當然，對病人健康狀況的瞭解，以及病人將面對的疾病的醫療處置，也應該有不謀而合的想法。這些前置作業都差不多了，就可以向醫院或是安寧照顧協會索取「醫療委任代理人委任書」，並塡妥表格所需之資料。

每一個人都可以在自己的健保卡上註記預先塡寫的「預立安寧緩和醫療暨維生醫療抉擇意願書」，也可同時塡寫醫療委任代理人委任書，以及「預立醫療自主計畫意願書」，在送醫時應一起帶到醫療場所。由於「病人自主權利法」尚未執行，且有修訂空間，這一塊還須密切注意。値得警覺的是，醫療委任代理人，最重要功能在於意願人意識昏迷或無法清楚表達意願時，代理意願人出面表達意願，所以他（她）無權利變更病人已經預立的醫療決定。

當然，目前已經執行的「預立安寧緩和醫療暨維生醫療抉擇意願書」，特別是其中的不施行心肺復甦術，是避免臨終時被一堆急救措施，弄得不成人形的不二法門。

9-3

十項全能到逐項失靈，巴氏量表可以算命

一九五二年，美國醫生維珍尼亞．阿普伽[13]發明的一種對剛出生的新生嬰兒健康狀況快速評核方法，稱之阿普伽新生兒評分[14]。評分根據五個指標，亦即外觀，脈搏，不快，活動，呼吸等，每一指標給予0～2分，總計0～10分。通常在嬰兒出生後一分鐘及五分鐘，給予評分，需要時可以重覆。3分以下表示情況危急，7分以上爲健康狀況良好。這個由紐約執業的麻醉科醫生阿普伽發明的評分法，簡單、準確、好用，風行全球至今超過六十五年。非常有意思的是，這五個指標的英文字首，組合起來就是發明者的姓氏阿普伽！[13]

阿普伽新生兒評分，應用在評估新生嬰兒健康狀況五十年後，美國最知名的醫學雜誌「新英格蘭醫學期刊」於二〇〇一年二月十五日那一期，主持人根據一九八八年到一九九八年這十年間，在一家醫院出生的十五萬名，足二十六週以上的新生兒，追蹤出生時的阿普伽新生兒評分，與嬰兒死亡率的關係，發現其預測的能力神準。以足月產（三十七週以上）的十三萬名新生兒爲例，五分鐘時的分數3分以下者，每千名有二百四十四人死亡，

而7分以上的才〇・二人死亡，兩者有天壤之別，也足以見識這指標的可靠性，歷久不衰！[15]

回過頭來看老年人，隨著老年人口劇增，政府採用巴氏量表[16]，評估老人日常生活功能，做爲全民健保申請居家護理作業，以及申請外籍看護工的收案標準。這十項功能包含進食、移位（包含由床上平躺到坐起，並可由床移位至輪椅）、個人衛生、上廁所、洗澡、平地走動、上下樓梯、穿脫衣褲鞋襪、大便控制及小便控制。每一項給予0～5、0～10、0～15分不等的評核，總計100分。一般人在年輕的時候，想都不用想，上述十項當然全能，也達滿分。但隨著年齡遞增，很不幸地，身體機件一件又一件地失靈，十項功能逐漸遞減。如果阿普伽新生兒評分代表出生嬰兒健康的指數，巴氏量表就代表老人衰退的指數。

巴氏量表可以用來預測老年人的死亡率嗎？答案是可以，以平均年齡八十八歲的九十一位患有急性冠心症的高齡老人，接受經皮冠狀動脈介入治療爲例，出院時的巴氏量表分數高的（≥85分）那一組，一年內死亡率爲二一％，而分數低的，竟然高達六二％，兩者差別非常顯著。[17]老年人另外一種常見的病就是中風，根據大規模研究報告做出來的結論，巴氏量表分數低於60分的，預後確實不佳。[18]

另一個研究，不分疾病，以二〇〇五年至二〇〇九年間，住到急性老人機構的五千零八十七位大於65歲的老年人爲研究對象，其中男性平均年齡爲八一．八歲，女性爲八三．九歲。發現巴氏量表分數介於80～100的男性，其存活的中位數爲二．六年，女性爲四．五年；巴氏量表分數介於50～79的男性，其存活的中位數爲一．七年，女性爲三．一年；巴氏量表分數介於25～49的男性，其存活的中位數爲一．五年，女性爲一．九年；巴氏量表分數介於0～24的男性，其存活的中位數爲〇．五年，女性爲〇．八年。[19]這根據巴氏量表得到的存活率差異，不但隨分數高低有非常顯著的差別，也預示這巴氏量表眞的可以算命！

從出生時使用的阿普伽新生兒評分，到老年人使用的巴氏量表，都和生死緊密相關。出生操之在父母，當然身不由己。但是，人除非意外身亡，善終多數是可以自決的。巴氏量表不僅可以做爲全民健保申請居家護理作業，以及申請外籍看護工的收案標準，也可以預測這個人的存活機率。很自然地，對分數偏低的人，可以告訴他（她）在來日不多的情況下，除非願意使用各種延命措施，拼命到底，否則是積極考慮並塡寫「預立安寧緩和醫療暨維生醫療抉擇意願書」及「預立醫療自主計畫意願書」的時候！

善終也是善盡孝道

《孝經》開宗明義章提到國人耳熟能詳的話：「身體髮膚，受之父母，不敢毀傷，孝之始也。立身行道，揚名於後世，以顯父母，孝之終也。夫孝，始於事親，中於事君，終於立身。」

《孝經》講白了，就是小時候要懂得事奉雙親，承歡膝下。到了中年，便要懂得好好地爲民服務，事奉長官、爲國盡忠。到了老年，就要回過頭來看看自己立身處世之道，有沒有缺失，有沒有須要彌補的地方。人生走一趟，自少小到老大，都無重大缺憾，才算完成孝道。

所以，人生的拼圖，直到最後一刻，才算完成，這也符合國人常說的：「蓋棺論定」。現代人退休後，不僅「尚善飯」，仍不乏像一尾活龍的人。多數人可以充分利用這像晚霞一般絢爛的歲月，規劃屬於自己的故事的結局。有人在網路發佈「當你老了，一生最後悔什麼？」的調查[20]，據說是比利時《老人》雜誌對全國六十歲以上的老年人進行的一項調查，其中，前三名包括：第一後悔的是年輕時不夠努力，導致一事無成；其次，年輕的時候選錯了職業，導致晚年事事不如人；第三，對子女教育不當，逼孩子按照自己設想的路線發展，導致子女事業不如意，親子關係也跟著緊張。最後兩名是後悔沒有好好珍惜自己的伴侶，以及沒有善待自己的身體。

無論年輕時候做了什麼，老大徒傷悲，不僅於事無補，更讓晚景益顯淒涼。直到嚥下最後一口氣之前，亡羊補牢，仍不嫌晚。年輕時候努力不夠，當然無法功成名就，晚年更要撙節開銷，避免仰人鼻息。子女不是外人，也鮮少因管教問題，變成敵人。雖然有逆子弒父或母的新聞報導，畢竟案例絕少，更常見的是父母與子女的緊張或疏遠的關係，須要調整。這也是老年人想善終的必要條件之一。

老伴的重要性，絕對無法視而不見，自己身體的狀況，對老年生活的影響，更無法避而不談。後者在前面一章已經講過，前者在後面一章將深入著墨。臨終是任何人都無法避免的議題，善終卻是多數人可以自決的選擇題，臨老的人不可不慎。

｜**圖4-1**

鄭逸哲教授（中）2016.4.15在高雄長庚醫院演講「醫糾背後-臨床裁量權VS.醫療常規 」會後與同仁合影，最右側爲其高徒吳冠漢醫師，目前是高雄長庚醫院急診醫學科主任。

參考文獻

1. Advance Care Planning
2. 《沒有「安樂死」之名的安樂死法－簡評2016年「病人自主權利法」》（An Euthanasia-A Brief Comment on the Patient's Self-determination Right Act, Taiwan, 2016），鄭逸哲，施肇榮著，台灣／軍法專刊／第 62 卷 第 4 期／18-35 頁，2016年8月出版。
3. 周虹汶編譯/綜合報導：「心碎！父母敗訴 罕病兒維生器遭撤」，2017.07.02《自由時報》。
4. Mitochondrial DNA depletion syndrome（MDDS）
5. Charlie Gard
6. European Court of Human Rights （ECHR）
7. 《活著就是贏家》（Andy Grove：The Life and Times of an American），葛洛夫口述，泰德羅著，莊安祺、羅耀宗譯，知識流出版股份有限公司，2007年初版18刷。
8. 《生命是一種連續函數》第255～256頁，釋慧開著，香海文化事業有限公司出版，2014年6月初版二刷。
9. 杜沛學報導：「瓊瑤含淚為夫插管：『我背叛他』」，2017.05.02：02：37《聯合報》。

10. 胡若梅、王昭月報導：「天秤上兩難 兒女難決定生死」，2017.05.02：02：37《聯合報》。
11. 《不在病床上說再見——帶著尊嚴離開的臨終選擇》，宮本顯二、宮本禮子著，高品薰譯，啟示出版，台北市民生東路二段141號9樓，2016.11.29初版。
12. 財團法人中華民國（台灣）安寧照顧基金會王英偉著，鄭鈴繪圖《預立醫療自主計畫Advance Care Planning手冊》，華茂印刷，102年12月二版一刷。
13. Dr. Virginia Apgar
14. 阿普伽新生兒評分（Apgar Score），根據五個指標，亦即外觀Appearance，脈搏Pulse，不快Grimace，活動Activity，呼吸Respiration等，每一指標給予0～2分，總計0～10分。摘自維基百科，本頁面最後修訂於2017.03.22：18：00。
15. Casey BM, et al：The continuing value of the Apgar score for the assessment of newborn infants. N Engl J Med.2001 Feb 15;344（7）：467-71.
16. Barthel Index
17. Higuchi S, et al：Barthel Index as a Predictor of 1-Year Mortality in Very Elderly Patients Who Underwent Percutaneous Coronary Intervention for Acute Coronary Syndrome： Better Activities of Daily Living, Longer Life. Clin Cardiol. 2016 Feb;39（2）：83-9.

18. Sulter G, et al‥Use of the Barthel index and modified Rankin scale in acute stroke trials. Stroke. 1999 Aug;30（8）‥1538-41.

19. Matzen LE, et al‥Functional level at admission is a predictor of survival in older patients admitted to an acute geriatric unit. BMC Geriatr. 2012 Jun 25;12‥32.

20. 金弋琳編輯，安家寧責編‥「當你老了，一生最後悔什麼？」2016.07.17由央視一套發表於資訊（https‥//kknews.cc/zh-tw/news/xraqgg.html）

第五章

錢要夠用到終老
人不要往「下流」跑

5-1

老妻、老狗與手頭隨時可用的錢

美國政治家富蘭克林[1]曾經說過：「世上最忠實的朋友有三：老妻、老狗與手頭隨時可用的錢」[2]關於老妻，他說，他不曉得這是不是年紀的問題，但她的確是長期熟悉你的伴侶。她支持你、幫助你、也在乎你。這老妻也是願意傾聽的媽媽，和眞誠的朋友。

狗是忠心耿耿的，牠無條件地愛你，也站在你這邊。牠很快原諒加諸在身上的不快，給你帶來歡樂，並樂此不疲。爲什麼要有手頭隨時可用的錢？如果我們想達成任何一個願望，沒錢行不通。如果想幫助人，手頭也需要一點盤纏，這就像發動車子要石油或電一樣。

其實，富蘭克林講的話，還嫌保守。國人常講：「貧賤夫妻百事哀」「有錢能使鬼推磨」，前面那一句話已經擺明夫妻要攜手同心，好好地共度晚年，首先就要通過金錢這一關。手頭拮据，必然寸步難行。後面這一句話更絕，對老年人是否終老時會面臨鬼來抓，無從置喙，因爲地獄在不在，沒有人知道。

「有錢能使鬼推磨」[3]，據說語出自明・馮夢龍《喻世明言》：「正是『官無三日緊』，又道是有錢能使鬼推磨。」明．沈璟《義俠記．萌奸》也提到有錢能使鬼推磨。民間傳說，從前有個村莊叫做榆村，住著一位叫榆苗的人，四十歲那一年，列名生死簿上，被小鬼勾上帶走。在往陰間的路上，榆苗對小鬼說：「我每年送你五萬塊冥錢，你就放了我吧。」小鬼一聽有利可圖，就放了他，另外抓一個叫榆樹的老頭頂替。

閻羅王對照生死簿，一看不對，指責小鬼說：「叫你去抓榆苗，怎麼抓來了榆樹？」小鬼辯稱：「這人是榆苗，長大了就變成榆樹。」閻羅王一聽小鬼胡扯，怒不可抑，喝道：「快去抓榆苗回來！」小鬼心想，榆苗給這麼多錢，怎能抓他，就把一個叫榆墩子的替死鬼抓來。並向閻王報告說：「榆樹死了就被砍，現在只剩榆墩子了。」

閻羅王聽了哭笑不得，心想：小鬼一定收了賄賂，決定自己去陽間走一趟，把榆苗帶回來，再拿小鬼是問。閻王來到榆苗家，看見榆苗正在推磨，榆苗見閻羅王來，立刻苦苦哀求：「閻王爺，我家有七十老母，你讓我把這點磨推完再跟你走吧，不然我娘以後吃什麼呀？」只見閻羅王無動於衷，便又說：「我以後每年給你五十萬冥銀。」閻羅王不為所動，榆苗只好追加到一百萬冥銀。閻王一聽，心中暗喜，說道：「好吧，看你如此孝順，我也幫你娘推幾圈磨吧！」說著閻羅王開始推起磨來。

榆苗看到，又驚又喜地道：「閻王爺，我以後每年給您一千萬冥銀，讓我多活幾歲，給老娘送終吧。」閻羅王聽到一千萬冥銀，心中狂喜，說道：「好吧，我就成全你這片孝心。」說完，勾上同村一個叫榆根的人帶回。小鬼見閻羅王帶回的，也不是榆苗本人，就問：「閻王爺，你怎麼也勾錯了人呢？」閻王瞪了小鬼一眼說：「既許你勾個榆樹、榆墩子回來，就不許本王勾回榆根嗎？」[3]

有錢不一定能使鬼推磨，但是，就像一般人常說的：「錢非萬能，沒錢萬萬不能！」很多老人家想到自己來日無多，錢又是身外之物，甚至把它當做「阿堵物」，於是早早將它處理掉。大多數給了自己的子女或孫子女，自認爲了卻一樁心事，從此兩袖幾近清風，卻沒有想到自己來日方長，冀望子女回饋，有時像緣木求魚，正應了「錢到用時方恨少！」

5-2 錢不是「阿堵物」，它才是老年人最忠實的朋友

「阿堵物」一詞，據說源自於魏晉南北朝時的南朝，南朝宋劉義慶《世說新語．規箴》提到：「王夷甫（王衍）雅尚玄遠，常嫉其婦貪濁，口未嘗言錢字。婦欲試之，令婢以錢遶牀不得行。夷甫晨起，見錢閡行，呼婢曰：『舉卻阿堵物』。」[4]

這則故事記載晉朝臨沂人王衍，一向崇尚玄學，討厭他的妻子市儈之氣濃厚，貪婪污濁，口從不說出「錢」字。王衍的妻子想試探他，一天晚上，趁他熟睡，叫婢女拿錢繞著他的床一圈擺放，讓他起床後無法避開錢行走。沒想到王衍早晨起來，看見床四周擺滿了錢，妨礙他下床，立刻叫婢女來：「拿走這些堵住我的東西。」隨後，這故事漸漸傳開，「阿堵物」就成了錢的代名詞，也反映魏晉南北朝時代，知識分子崇尚老莊哲學，巷議空談避開錢，有一點不食人間煙火。

錢其實不但不是「阿堵物」，它才是老人最忠實的朋友。老妻有求去或先走的可能，老狗的壽命一般遠遜於養狗的人，只有手頭上能掌管的錢，才是老人唯一最可靠的身外之物。子女也許能救濟，但是不一定能當靠山。即令最好的朋友，能有通財之義的絕少。梁

實秋在《談友誼》[5]一文中提到「友誼不可透支，總要保留幾分」「試想一想，如有銀錢經手的事，你信得過的朋友能有幾人?」，文中，他舉馬克吐溫[6]曾經說過的話：「神聖的友誼之情，其性質是如此的甜蜜、穩定、忠實、持久。可以終身不渝，如果不開口向你借錢。」這眞是感慨系之肺腑之言。

人越老越不中用，若不是很快掛掉，就不免常常生病要看病，處處要請人幫忙。雖然政府已經注意到長照這一塊，但對於「多事之秋」的老人，仍然是杯水車薪，甚或遠水救不了近火。以台灣目前推估應有二十六萬名失智症病人而言，在長照2.0政策中，儘管政府也挹注錢在上面，但是，就如一個投入失智症照顧二十一年的實務工作者黎世宏先生所言，不但目前政府的長照服務有「三不」現象，亦即「民眾不知」、「服務不足」、「分配不均」，而且大部分的經費卻挹注在極輕度與輕度失智症個案服務上，對於佔三分之二的中、重度患者，幫助有限，讓照護家屬備受身心及金錢壓力的煎熬。[7]另一位從事失智與長照經驗十八年的沈政男醫師，也直言「衛福部針對施行近一年的『長照2.0』展開檢討，但從其所列問題來看，顯然至今還沒抓到重點。」而且可能「越補越大洞！」[8]

雖然社會上仍不乏能義助而不須分文報酬的團體及個人，但機會可遇不可求。久病床前無孝子，才是常見的場景。然而要準備多少錢才夠用?個人相信這是非常難以估算、回答的問題。它和一個人生活花費的習性、存活時間的長短、花錢治病的頻率與強度，乃至於生前、死後的規劃，無不習習相關。雖然有各式各樣的理財方式以及理財專家可以諮詢，但他們多是根據一般性的原則進行。例如，年紀越大的人，越不適合高風險、高報酬的投資。多建議以隨時可以變現，隨時可以掌握在手心的現金爲理財工具。當然，後者不會有什麼生息，對資產有限的人，滋生不了多少利息。當然，孔子的弟子顏回都可以窮居陋巷，而不改其樂，可見關鍵仍在於老年人對生活的認知與處世的態度。後面的章節也會提到，夠不夠用，和退休前的薪資所得、身體狀況甚至於居住的地區都有關係。

成立於一九六一年的經濟合作與發展組織，曾於二〇一一年啟動更好的生活[9]，做爲該組織成立五十年的發展專題。並從十一個面向去探討人怎麼過更好的生活，這包括收入及財富、工作及薪資、住家狀況、健康狀態、工作——生活平衡、教育及手藝、社會關係、市政參與、環境品質、人身安全、以及個人主觀地自覺良好[10]。這個國際組織，人才濟濟，其所謂的十一個面向，也和老年人所期望的生活品質，習習相關。其中前兩項已經概括我們可以掌管的錢，當然和住家狀況、工作——生活平衡以及環境品質互相關聯，也影響個人主觀地自覺良好。至於社會關係與市政參與，則和老年人是否孤獨地生活攸關。

「主觀地自覺良好」是經濟合作與發展組織很重視的更好的生活的指標[11]，它指的是依據人們謀生以及對過去經驗的反應，所做的各種正負向評估，以及是否能保持良好的身心狀態。它包括三種元素：一生的評估[12]，對某件事的動念或情緒反應[13]，以及幸福感[14]。

幸福感一詞，據說係由古希臘哲學家亞里士多德所提出，一般被譯爲「幸福」，但更確切的譯法，香港科技大學黃堅強博士認爲是人自我實現，達到一種生命圓滿的狀態，或靈魂符合德性的終身性實踐活動。[15]

對於人一生的評估，經濟合作與發展組織引用卡內門的研究，認爲它容易受到過去經驗的影響，而與現實狀況可能會有很大的落差。[16]一向安貧樂道的人，晚年再不如意，也很容易看得開。相反地，榮華富貴過大半生的人，一旦落得身無分文，必然晚景淒涼。所以，怎麼樣可以獲得更好的生活，要在有生之年，及早營造自己的生活觀，無論是否能安貧樂道，務必朝向「主觀地自覺良好」的方向發展，達到生命圓滿的狀態！

5-3 從「上流」到「下流」，關鍵在未雨綢繆

日本社會工作者籐田孝典，連續在二〇一六年及二〇一七年這兩年之內，出版兩本以「下流老人」爲名的書，分別是《下流老人——即使月薪五萬，我們仍將又老又窮又孤獨。》[17]，以及《續．下流老人——政府養不起你、家人養不起你、你也養不起你自己，除非，我們能夠轉變。》[18]

「下流」這個字眼，乍看之下，令人很不順眼。作者在第一本書的前言，就說明清楚「下流老人，顧名思義，是爲了說明無法安逸度日，被迫過著『下流』（中下階層）生活的老人，所創造出來的詞彙。」在另外一頁，作者再將下流老人定義爲「過著以及有可能過著相當於『生活保護』基準之生活的高齡者」（譯者吳怡文註解：類似台灣的「中低收入戶標準的高齡者」）。

無論如何，在我們傳統社會，「上流」代表一個人生活水平、乃至於儀容舉止，在一般人之上；相反地，「下流」代表一個人生活水平低下，言談舉止相當不入流。雖然「下流老人」有相當貶抑一個老年人的味道，但是，籐田孝典寫的這兩本書，卻非常地一針見

血，刺痛我們面臨老化的人的思維，不能再阿Q式的自我感覺良好！

這兩本書的副標題，更是直截了當，甚至於聳動到可怕的程度。試想「即使月薪五萬，我們仍將又老又窮又孤獨」這絕對不是危言聳聽。如果巴氏量表低到生活無法自理，這樣的老人想要活下去，不是靠家人自理、靠政府補貼請人幫忙，就是要花錢請外傭照料。以我們家兩個接近九十歲的老人爲例，兩個外傭的月薪將近台幣四萬元，換算成日幣超過十五萬元，這還不包括食衣住行及其他開銷，加總起來，一個月遠超過日幣三十萬元！我們家的兩個老人，還有子女隨侍在側，免於孤獨。但是，攤開我們自己這一代的未來，若不未雨綢繆，恐怕就沒有那麼幸運。

作者提到在日本，依賴他人和制度稱爲「任性」，在社會上被人看不起，也被視爲罪惡。不過，他認爲「眞正的任性應該是即使無法得到足夠的食物，也無法上醫院，一天天讓下流老人的問題更形惡化。」其中原因之一，就是年輕人和孩童的貧窮。根據作者引述經濟合作暨發展組織發表的「對日審查報告書」（2012年版），日本的相對貧窮率達到一六·一％，不斷刷新過去的記錄。這個數字在三十四個經濟合作暨發展組織國家中爲第六高，而且，兒童的貧窮率也高達一六·三％。[17]

根據蘋果日報二〇一五年七月九日引用美國皮尤研究中心[19]，針對全球一百一十一個國家，過去十年的收入增長進行調查，指出台灣二〇一一年的低收入以下人口占總人口

○・七%；中等收入者爲八・七%；中等之上和高收入者則占總人口九○・六%，因此將台灣列爲幾乎無窮人的國家，政府官員當然沾沾自喜。該報導將收入分爲五種等級：貧窮（每日生活費新台幣六十二元以下）；低收入（每日生活費爲新台幣六十二元～三百一十元）；中等收入（新台幣三百一十元～六百二十元）；中等之上（新台幣六百二十元～一千五百五十一元）；高收入（新台幣一千五百五十一元以上）。[20]以台灣跟日本、韓國社會的相近，貧窮率也應該類似，也就是達到前述日本的百分之十六。但台灣卻只有一・五%，原因出在低收入戶在二○一三年占台灣總人口的一・五%，主政者將這政府機關核定的低收入戶視爲全台的貧窮人口，但是又提不出實際上的數據，台灣於是變成了全球貧窮人口比例最低的國家，次低的是突尼西亞和馬來西亞。[21]

如人飲水，冷暖自知。台灣過去二十年經濟發展，陷入困境，年輕人的收入，更舉步維艱，將嚴重威脅日益增多的老年人的生計。如下一節資料分析，老年人若不未雨綢繆，將從「上流」一路奔向「下流」。

5-4 曾經是一家之寶，何以變成普世面臨的煩惱？

年輕人的貧窮，既然威脅老年人的生計，探討台灣年輕人過去二十年的薪資所得，不僅陷於停頓，甚至於倒退擼。有一位台大電機畢業的林書廷，舉二十年前報紙上的徵人廣告，印證過去二十年的薪資所得的確倒退驚人。[22]翻開一份民國八十二年報紙的求職專欄，房屋仲介，二十三～三十五歲，不需要學歷，只要會騎機車就可以，月薪四萬元起跳；芝麻街美語徵才，若是大專以上，薪水是四萬二千元起跳，若什麼都不會的年輕人，則是22K開始；寢具店徵門市，高中職以上皆可，雖然有男女不平等之嫌，但女生也有27K，男生37K。林書廷回憶最正港的台灣味土虱魚，在他小時候只要三十～三十五元，現在六十五元；民國八十二年台北南港推出的「翡翠山林」，一坪三十五萬，民國一〇五年他撰文時去考察一坪八十二．四萬，而當年的新屋現在變成老屋，價格卻翻一倍半以上！

《工商時報》二〇一七年四月十一日依據「1111人力銀行」二十一～三十歲會員調查發現，受訪青年平均月薪落在二萬六千六百．十四元。調查還顯示，青年人在職場上最不滿之處是薪資太低、工時太長及給年輕人的工作機會太少；青年人在生活上最悶之處在於存不了錢／買不了房、物價太貴及缺乏資源。[23]這些問題的癥結很多，但是錢卻都跑到資本家口袋，確是其中一個不爭的事實，從最高百分之五所得者的所得總額，與最低百分之五所得者的差距倍數，從二〇〇五年的五五・一倍，飆升到二〇一四年的一一一・八倍，可見一斑。[24]

除非是資本家，特別是金融保險業的眷屬或子弟，不愁衣食住行，一般年輕人的貧窮，已經是既成的事實。老年人不能處變不驚，養兒防老已經是過去式。和配偶、子女共商未來，或者獨自面對老後生活的每一天，才是大勢所趨。

根據衛生福利部一〇二年「老人狀況調查報告」[25]，六十五歲以上老人平均每月可使用的生活費用以「六千元～一萬一千九百九十九元」占二八・五％最多，其次爲「五千九百九十九元及以下」占二三・三％，總體而言，每月可使用的平均生活費用爲一萬二千八百七十五元。就性別觀察，男性平均每月可使用的生活費用爲一萬四千零六十六元，較女性一萬一千七百一十六元爲高。

就經濟狀況觀察，「大致夠用」者之平均每月可使用生活費用爲一萬二千四百四十七元。六十五歲以上老人認爲日常生活費「大致夠用」者占六二・三％，「相當充裕且有餘」者占一二・四％，「有點不夠用」及「非常不夠用」者分別占一七・九％及七・

四%。

看到上述這些數字，很讓人不可思議。因爲調查出來那麼有限的錢，對一個健康狀況良好，不須要額外花費的老人而言，省吃儉用，也許就夠用。但是，這理想狀況，很容易就被現實擊敗。就像我前一段所言，若老年人狀況不佳，獨立自理有問題，單請個外傭就要花兩萬元，遑論其他。所以，在同一份的衛福部報告中也提到，與民國九十八年相比較，短短四年，認爲生活費「不夠用」者，從二一・九%增加到二五・三%，幾乎每年增加百分之一，增幅令人矚目。原因很簡單，多重疾病的老人不停地增加，報告中提到六十五歲以上老人自訴患有慢性病者占八一・一%，所患慢性病主要爲「高血壓」、「骨質疏鬆」、「糖尿病」及「心臟疾病」。這些病不至於立即威脅老人的生命，但是威脅老人的荷包！

根據「財訊」王立中的一篇報導分析[26]，衛福部民國一〇〇年國民醫療保健支出資料，平均每人每年個人醫療費用三萬四千二百九十元，乘上當年度國人平均餘命七九・一六歲後，等於這輩子醫療費用至少就超過二百七十一萬四千多元。五十歲以後醫療費占一半以上，若有幸活到八十歲以上，平均每人每年的醫療費用，更高達十三萬元！雖然健保幫忙支出大部分的費用，來往醫院的交通及自付額，甚至自費項目，仍然是一筆可觀的開銷。

這些花費，若不及早未雨綢繆，將有相當高比例的老人無法獨自面對處理，會形成子女甚至於社會沉重的負擔。黃財丁的一份報告[27]，提到前經建會主委劉憶如（二〇一四年）估計台灣的「扶老比」（十五歲至滿六十五歲工作階層相對於六十五歲以上的比率）將在二〇一六年上升到百分之十八，首次超越「扶幼比」。也就是每一百個十五歲至滿六十五歲的工作階層者，平均要負擔三十六個沒有工作的年長者和小孩子的生計。

在醫藥不發達的農業時代，能活到高齡甚至於超高齡的人不多。這些長者多數能自主地生活在大家庭裡，含飴弄孫，幫忙做一點家事，一旦病倒，絕少拖延時日。能自食其力，又不拖累家人，還能光耀門楣，當然是普受歡迎的一家之寶。如今醫藥發達，高齡甚至於超高齡的人越來越多，若無法獨立自主，將變成年輕人的包袱，成爲普世面臨的煩惱。要避免成爲麻煩製造者，首先要保重自己的身體，健在不臥床；其次，要懂得開源節流及量入爲出。《禮記・大學》記載「有財此有用」，人即令活到最後一口氣，都要花錢。任何人想自命清高，不去理財，只有自找麻煩！

5-5 錢從那裡來？多少才夠用？

衛福部一〇二年「老人狀況調查報告」[25]也指出老年人主要經濟來源，金額最高的是「自己的退休金、撫卹金或保險給付」，平均每月可使用的費用爲一萬八千七百零八元，其次是「自己的儲蓄、利息或租金或投資所得」，約一萬五千九百零三元。

「子女或孫子女奉養」的六十五歲以上老人占四三．九％，比例最高，其次爲「政府救助或津貼」之三六．二％。後者包括國民年金、中低收入老人生活津貼，以及中低收入老人特別照顧津貼等。與民國九十八年比較，來自「子女或孫子女奉養」重要度減少，而「政府救助或津貼」重要度增加六．五％最多。由此可見，台灣就業環境惡化，逐漸讓年輕人自顧不暇，無法兼善長輩。

要準備多少退休金才夠用？有報導指出理想的退休可支配財產，亦即可以變現的所有財產，加總起來須達二千五百萬元上下。[28]由於國人喜歡投資房地產，在大都會如台北市擁有一間房屋的人，很容易就達到這個金額。但是，不是每個人都擁有地點良好的不動產，或擁有相當於上述數額的退休金。商業周刊張舒婷、胡湘湘的報導可以參考，她們引述中華民國退休基金協會理事長李瑞珠的話，表示依世界銀行定義，理想退休金所得替代率爲百分之七十，以此換算，每月薪水在五萬元左右的上班族，要維持好的退休生活品質，每月生活費大約要三萬五千元才足夠，至於月領十萬元的高薪族，退休生活費也要七萬元才能維持他們理想的生活水平。[29]這樣的數字，看起來就比較具體。但是和衛福部一○二年「老人狀況調查報告」[25]「大致夠用」者之平均每月可使用生活費用爲一萬二千四百四十七元，卻有天壤之別。這中間差距到底在那裡？

在回答上述問題前，先回到現實面：「有錢能使鬼推磨」，錢能夠換來令人滿意的退休品質嗎？答案想當然爾是肯定的，二○一四年《遠見》雜誌八月號的一篇報導[30]，指出軍公教最滿意退休生活，滿意度達到百分之七十五，是傳產製造業（三六・一％）的兩倍以上。軍公教退休年齡比法定早十年，觀察旅遊次數，五十~五十九歲這批最年輕的退休族，不但整體平均有三・八七次，每年旅遊多達五~八次的更有二一・九％！所以，台灣大學社會學系教授薛承泰直說，「目前七十歲左右、退休十~十五年」這批軍公教人員，是退休條件最優渥的世代，一度擁有破百分之百的所得替代率，會有高滿意度不意外。

所以衛福部一○二年「老人狀況調查報告」裡，擁有一萬二千四百四十七元還「大致夠用」的這一族群，大概不會考慮遊山玩水，應該以看電視、聽廣播、種菜、弄園藝、串門子、帶小孩或孫子等不太花錢的活動就可以滿足。若以這樣低的消費額，做爲退休準備金，絕大多數人都不難達到。陶淵明可以「結廬在人境，而無車馬喧。」並且享受「採菊東籬下，悠然見南山。山氣日夕佳，飛鳥相與還。」的鄉野生活，如果我們退休後，也可以比照，錢大概不是大問題。

所以生活型態很重要，生活地區其實也很重要。在全世界包括美國在內，要在大都市中討生活不容易。不過，究竟需要有多少收入，才可以買到快樂地過日子？一項由蓋洛普調查的報告指出，在比較偏鄉的喬治亞州亞特蘭大市，只要每年四萬二千美元（約新台幣一百三十萬元），就可以讓人快樂地過日子；但在西雅圖、紐約、費城和洛杉磯，需要每年大約十萬五千美元（約新台幣三百一十萬元）才能達到同樣的幸福水平。[31]我相信若同樣的調查在台灣執行，也會得到同樣或至少近似的結果。

子女奉養不可靠，老本也有耗盡的一天。除非縮衣節食，住在比較鄉下的地方，否則活到老做到老，早晚會成許多老人的宿命！衛福部一〇二年「老人狀況調查報告」，六十五歲以上老人目前從事有酬工作者只占一〇．三％。《遠見》雜誌二〇一四年八月號發表的調查，退休族裡頭，有兼職的比率也僅一三．八％。多數老年人仍存有頤養天年的想法，在可見的未來，有相當高比例的人潮，將會陷入危機重重的深淵裡！除非家財萬貫，或領政府高額的退休金，可以有恃無恐，否則身體江河日下，花費卻蒸蒸日上，不待小鬼來領路，早晚會坐吃山空。屆時想要請鬼來推磨，大概門都沒有。

日本社會已經看到退休年齡（六十五歲）還持續在職場上工作的高齡者人數正在增加，在篠田孝典的《續．下流老人》一書中，指出「……即使超過六十五歲還是可以扮演支撐社會經濟的重要角色、繼續活躍工作的社會，政府將之取名爲『終身勞動社會』。」如果繼續工作到死，那就是悲劇了。因爲隨著高齡勞工的增加，職災意外發生的頻率也跟著變高。六十幾歲的勞動災害發生率，是二十幾歲勞工的一．八倍。[18]看來要避免又老又窮，又要避免老年職災，除了趁年紀不太大仍能幹活時，存有足夠的錢，還要精打細算過往後的日子。如果不幸要工作到底，也要量力而爲，足以勝任才可以。

5-6 又老又窮已夠慘，還有孤獨伴晚年

在篠田孝典的《續・下流老人》一書中，點名日本現在的社會，已經存在大量的「潛在孤獨死者」。作者敘述「根據『平成二十八年高齡社會白皮書』（二〇一六年）……一人獨居或夫婦獨自居住的高齡家庭也大幅增加，一九八〇年兩者合計不到三成，二〇〇四年超過半數，到了二〇一四年則高達五五・四%。」[18]衛福部一〇二年「老人狀況調查報告」[25]也指出六十五歲以上老人獨居和僅與配偶同住的，在民國九十八年是百分之二十八，到一〇二年已經攀升到三一・七%，幾乎每年增加百分之一。以這樣的速度往上爬，不出二十年，台灣六十五歲以上「潛在孤獨死者」將超過半數。

僅與配偶同住的老人，若其中一人先走，將立即面臨獨居。獨居的人若陷入孤獨的感覺或困境，將帶來兩項不利的後果。美國加州大學舊金山分校培里西諾圖等人研究一千六百零四名長者[32]，平均年齡七十一歲，女性占百分之五十九，從二〇〇二年開始，每兩年追蹤一次，直到二〇〇八年。作者以客觀工具來衡量老年人的日常生活活動[33]，並給予評分。結果發現陷入孤獨困境的老人，該項目在研究期間分數銳減二四・八%，相對地，

同齡但未陷入孤獨困境的老人只減少一二．五%，兩者相差一倍。很可怕的是，前者死亡率二二．八%，也比後者一四．二%，高了非常多！孤獨對老人的不利，顯而易見。但是，比較遺憾的是，多數獨居的老人，特別是男性，比較不善於排解這困境。

《遠見》雜誌二〇一四年八月號的報導[30]，顯示男性退休族的生活圈較狹隘，容易形成「宅老」現象。薛承泰教授舉例，「你去東區或信義區看，一定常發現結伴逛街的中高齡女性，卻很少看見中高齡男性。」男性偏愛運動、聯誼、園藝等項目，除了聯誼，多是獨立自主的活動。女性活躍的項目如唱歌、志工、學習、購物、宗教活動等，幾乎都是呼朋引伴，相對地比較不孤獨。

無論男性或女性退休族，在少子化、年輕人晚婚、不婚或不生的潮流下，現在或未來老人們多會面臨膝下無子，或子女不克奉養的情形。獨居或僅與配偶同住是常態，如何化解「潛在孤獨死者」的困境，將有賴大家的智慧去化解。

參考文獻

1. Benjamin Franklin
2. “There are three faithful friends — an old wife, an old dog, and ready money.” Adopted from What Are Benjamin Franklin’s Three Faithful Friends?, from Leave a Reply. https://pamelahawley.wordpress.com/2014/01/20/what-are-benjamin-franklins-three-faithful-friends/
3. 為什麼說有錢能使鬼推磨？下一句是什麼-壹讀，2014.04.29，資料來源：商都網（https://read01.com/zh-tw/QzR6OO.html）
4. 「阿堵物」，參考漢語詞典——漢語網（www.chinesewords.org/dict/321007-519.htm），以及大紀元：為甚麼古人把錢又稱為「阿堵物」？（http://www.epochtimes.com/b5/10/12/16/n3114945.htm）
5. 梁實秋：「談友誼」，文刊載於《秋室雜文》，水牛出版社，2007.04.20三版二刷。
6. Mark Twain
7. 黎世宏：「長照2.0 罩不到的失智」，載於《蘋果日報》即時論壇，2017.11.01，00：06
8. 沈政男：「從失智阿嬤看長照2.0失靈」，載於自由電子報自由評論網《自由廣場》，2017.11.23，

06‥00

9. The OECD Better Life Initiative: Measuring well-being and progress, by OECD Statistics Directorate Paris, November 2013, website: www.oecd.org/measuringprogress.

10. Subjective well-being

11. OECD Guidelines on Measuring Subjective Well-being, OECD (2013), OECD Guidelines on Measuring Subjective Well-being, OECD Publishing. http://dx.doi.org/10.1787/9789264191655-en

12. Life evaluation

13. Affect

14. Eudaimonia

15. 香港科技大學黃堅強博士：「幸福」由什麼構成？《尼各馬可倫理學》與儒家比較，www.wangngai.org.hk/48-wong.html

16. Kahneman et al.,1999發表。文章見於前參考文獻11。

17. 《下流老人——即使月薪五萬，我們仍將又老又窮又孤獨。》籐田孝典著，吳怡文譯，大雁文化事業股份有限公司出版，2016年4月初版。

18. 《續・下流老人——政府養不起你、家人養不起你、你也養不起你自己，除非，我們能夠轉變。》籐田孝典著，吳海青譯，大雁文化事業股份有限公司，台北市，2017年5月初版。
19. Pew Research Center
20. 「全球收入調查：台灣幾乎無窮人」，載於《蘋果日報》2015.07.09：16：13即時。
21. 《製造低收入戶」，群學出版有限公司》，洪伯勳著，2015年10月一版二刷。
22. 林書廷撰：「有圖有真相：台灣薪資倒退多少？20年前…不需要任何學歷，快遞月薪3萬5、瓦斯5萬」，摘自書廷理財日記專欄，2016.08.03。個人Blog（http://justin0904.pixnet.net/blog）
23. 方明報導：「青年超悶 30歲前平均薪資僅26K」，載於《工商時報》，2017.04.11：04：09
24. 【從數據看年輕人憤怒】台灣 GDP 年年成長，為何錢卻都跑到資本家口袋？，載於《上報 UP Media》2017.04.17
25. 衛生福利統計專區：「102 年老人狀況調查」，資料來源：衛生福利部建檔日期：103.01.23更新時間：106.05.16
26. 王立中：「驚！老後醫療開銷至少花你271萬元，沒錢、沒保險，老了千萬別生病」，《財訊》趨勢特刊第45期，2014.06.17
27. 黃財丁：「由統計資料看人口老化問題」，STPI Research Portal-科技政策研究與資訊中心，發佈日期：2014.09.12。
28. 中央社訊息服務：「工作累裸退難上班族進退兩難?!-『半退族』退而不休調查」，2014.10. 28：

14‥09‥56
29. 張舒婷、胡湘湘‥「壽命延長，錢要存多少才夠？準備退休金，5大疑問全破解」，《商周》特刊，2015.12.18
30. 高宜凡‥「退休年齡比法定早7.5年，軍公教最滿意退休生活」，《遠見》雜誌2014年8月號，ETNEWS 2014.08.20‥14‥15。
31. 陳舒秦‥「調查‥年收入多少能買到快樂？」，中時電子報，2017.05.11‥06‥24
32. Perissinotto CM, et al‥Loneliness in older persons: a predictor of functional decline and death. Arch Intern Med. 2012 Jul 23;172（14）‥1078-83.
33. Activity of daily livings，簡稱ADLs.

第六章

旅人、貓頭鷹與金池塘

6-1「人生天地間，忽如遠行客」

「人生天地間，忽如遠行客」，是古詩十九首之三《青青陵上柏》中的一句，全文前兩句是「青青陵上柏，磊磊澗中石。人生天地間，忽如遠行客。」古詩十九首，一般認爲是漢朝的一些無名詩人所作，由梁代昭明太子蕭統編入《昭明文選》，並命名「古詩十九首」。「古人認爲人生於天地之間，是短暫的寄生或寄養，早晚要回去，所以人死爲「歸」，活著爲「行」，是非常有道理的。既然生於天地之間，卻像出遠門的旅人那樣，匆匆忙忙，終有一天要回到未知的天家。[2]

詩人李白對此深有感觸，所以在《春夜宴桃李園序》一詩中，開場就說：「夫天地者，萬物之逆旅也；光陰者，百代之過客也。而浮生若夢，爲歡幾何？古人秉燭夜遊，良有以也。況陽春召我以煙景，大塊假我以文章。」翻譯成白話文，就是「天地是萬物行旅落腳的地方，光陰是穿越百代的過客。活著像一場夢，又能夠有多少歡樂？古人拿著蠟燭在黑夜遊覽，實在有道理。何況溫暖的春天，配上朦朧優美的景色，加上大地回春帶來的萬象更新，令人怦然心動想爲文抒發情懷。」

我們不是詩人，卻是不折不扣的旅人。父母讓我們有機會赤裸裸地來到人間，沒有道理要行囊滿滿地離開。大多數人不免眷戀這無法複製的一生一世，卻要「揮一揮衣袖 不帶走一片雲彩」！像秦始皇或埃及法老王那般大肆準備後事，造就後人得以瞻仰的超級陵墓，無論是兵馬俑還是金字塔，畢竟還是極端的例子。多數人不管生前多顯赫，死後不出多少年，必然落得「荒塚一堆草沒了」，或頂多有個位置放骨灰。

既然做爲一個旅人或遠行客，每個人就要有旅人的打算。絕大多數人有過旅行的經驗，而且多是美好的。試想旅行時，我們是不是多輕車簡從，一切以方便爲主？當然，旅行時，有旅行社事先安排行程，有領隊帶頭，有導遊作陪解說，食、住、行都不用愁，衣物簡單輕便就好。設想人生的旅程，如果和一般人的旅行一樣，只有短短的幾天，或至多一個月，多數人會怎麼做？相信多會輕車簡從，以方便爲主。

當然，做爲一個人，擁有漫長的歲月，要傳宗接代，應付人生百態，事情就不可能那麼簡單。除了過去農業社會，物資有限，連收音機、電視都沒有，遑論其他。在那麼樣的情況下，舉目所見，實在沒有多少東西。記得小時候住在鄉下地方，第一次看到留聲機，就稀奇得不得了。儘管唱盤轉速靠手搖控制，一張黑膠唱片唱不了幾首歌，聲音還快慢不均，加上人爲的抑揚頓挫，出來的歌聲不像歌聲，有說不出來的怪，但那台留聲機，卻是我們曾經享有的寶貝。以現代人的眼光檢視，這麼寒酸的設備，居然可以當成寶貝，如此看來，我們現在擁有的「巨量」物資，有多少是超過「做爲一個人」，所必須擁有的？有多少是錦上添花的身外之物，可有可無？如果仔細檢討起來，應該還眞不少。雖然「遠路不須愁日暮，老年終自望河清」，但是人生之旅總有終點，在這之前，是否該準備輕車簡從過日子？

6-2

加持助生長，減持利餘生

除了上小學時的書包、課本、鉛筆、鉛筆盒、橡皮擦、制服、球鞋及便當盒，印象中，個人在小學的最初幾年，就沒有其他私人物品。偶而得個獎狀，就高興老半天。根據拙作「過河卒子」中的記錄，生平第一個玩具，是小學四年級左右到新竹縣的峨嵋鄉獅頭山遠足，「買了一支便宜但有造型的木製小劍，佩帶身邊，當下感覺好不威風，回家還珍藏好多年。」小學畢業時，有畢業證書及小小本的畢業紀念冊。因全班第一名，還有一張獎狀，以及縣長給的「品學兼優」的獎牌。這些物品還一直陪伴在身邊，不忍遺棄。

考上新竹一中後，爲上學方便，爸爸幫我買了第一部腳踏車，也買了一套偉人傳記給我當禮物。我的私人物品逐漸增多，尤其課本及參考書，增加幅度最驚人。開始有私人書桌及書架，還開始收集郵票，也珍藏人家送的或自己買的小禮物，儼然像似割據一方的小「書閥」。父母對會念書的兒子，也採取放任的態度，在斗室中自由發揮。上了大學，買下第一部唱機及一張又一張的唱片，之後又買了一部二手相機。行頭在累積，身外之物在激增。

隨後結婚生子，「五子登科」，大勢底定。繼妻子之後，金子、房子、車子、孩子，相繼而來。其中金子（存款）、房子、車子不是天上掉下來的禮物，除了少部分是祖先的遺惠，多數是夫妻倆胼手胝足，辛苦當醫生掙來的。隨後電子產品問世，東西日新月異，不停更新晉級，物品的數量，很快達到另一高峰。孩子的報到，絕對是每一個家庭的大事，任何人都可以想像孩子的東西，可以快速地增多到什麼程度。伴隨孩子長大的玩具、書本、衣服及各種用品，多數是孩子成長所必需。孩子的知識、技能以及人生的見識，除了父母、長輩的口耳相傳，老師們的教導，孩子身邊的每一件物品，幾乎就是他們成長所倚靠的加持用品。

當然，隨著孩子長大，另立門戶，那些曾經佔據家裡大塊地方的玩具、書本、不會再穿的衣服，以及不會再用到的物品，也一樣、一樣地打發掉。孩子離巢後，夫妻又回到從前相依爲命過日子，東西也少多了。

但是，我們準備好可以輕車簡從過日子了嗎？就我個人而言，答案就沒有那麼肯定。從退休的那一天開始，我就逐漸簡化我的生活方式。首先，從我的行業用過的、上了年紀的醫學書籍，或過時的雜誌整頓起，一下子倒掉好幾箱書籍、雜誌。無論家裡或辦公室，突然空出一大塊空間，人也頓時感到輕鬆很多。因個人喜歡寫作，寫作免不了參考已經出版的書籍、雜誌，於是開始一本又一本地訂購或留存，並予以註記。原來的空間，逐漸被另外一批書本塡回去，這樣一來，簡化效果又大打折扣。不過，這批書本，既是工具，也是身外之物，隨時可以隨風而逝，未來處置相對地還算容易。

其實，大家都很清楚，最困難處理的，不外乎自己住的房子，或手頭握有的一些不動產。太早過戶給子女，往後日子形同租或借用子女住宅。子女若孝順，一切都好講；子女若不肖，恐怕掃地出門，有家歸不得。若完全不管，持有到底，又怕死後發生子女爭產，壞了家聲。不管死後是否大方捐出去，或指定給某位或某些子女，甚至某親朋好友，最穩當的做法是預立遺囑或交付信託。趁自己身體還行，身心狀況良好，早日了結這最可能放不下心的事項，也早日落得輕鬆。

其他如存款、有價證券，甚至於金飾，都是垂手可用，或容易變現的東西。除非像一些有錢人，金額龐大，或者有的人怕失智、容易受騙，非事先做預立遺囑或交付信託的規劃不可，否則一般人，只要簡化存放地點，容易保管，可以安心使用到終老，大體就可以放心了。

有紀念意義的東西，或珍藏的字畫、雕刻、墨寶，也宜事先規劃好，列份清單，並在預立遺囑中載明，交給願意承接也信得過的子女或親朋好友。「五子登科」中，最不須要花費腦筋的應該是代步工具的車子，除非是昂貴的古董車，一般車子折舊很快。隨著人變老朽，老車也總有一天變成廢鐵。各式各樣證書或獎狀、獎牌，隨著人去，變成一張張廢紙或廢棄品。除非生前刻意要求保留，而子女或親朋好友，也願意配合，保存下來，否則也不必太費心在上面。畢竟，錦上添花的東西，也常隨著人去而樓空。

就一個平常人而言，會煩惱的身外之物，其實不多。早一點處理完畢，剩下來的日子，有忠實的老伴和夠用的錢，大概就能輕鬆又自在地度餘生。

6-3 貓頭鷹

貓頭鷹是夜行性肉食性動物，晝伏夜出，白天隱匿於樹叢岩穴或屋簷中，不容易看到。古代中國，對貓頭鷹瞭解少，認爲是不祥之鳥。但是在日本、印度、希臘，則是招福、吉祥及智慧的象徵。在臺灣，貓頭鷹是好幾個原住民族群的送子鳥、嬰兒或森林守護神，並傳遞婦女懷孕的佳音及喜訊。[3]就其補捉的老鼠或害蟲而言，稱之森林守護神或益鳥也不爲過。

言歸正傳，本文的貓頭鷹是幾個英文字的字首拼湊出來的，翻譯成中文剛好是貓頭鷹[4]，它是《經濟學人》雜誌二〇一七年七月刊出[5]，對剛過六十五歲，有點老又不是太老的人，給予的嶄新稱呼。撰稿的人認爲，無論叫「老仍活跳跳」[6]、「落日賞識客」[7]或「臥榻品酒客」[8]，都有以偏概全之嫌。唯獨簡稱貓頭鷹的字眼，說明老了仍中用，工作少一點，還可以賺點零頭維生。撰稿人還用另一字眼耐皮士[9]，形容有點老又不是太老的人，尚未過氣。

這篇報導，對於像筆者這般剛過六十五歲、有點老又不是太老的人，實在是非常及時又得體的稱謂，也預期它必然引領風騷！該文指出長壽成了現代社會的難題。老年人對年輕人的依賴程度越來越高，到二一〇〇年，將翻三倍。經濟增長、稅收以及適齡勞動力都會衰退，但是養老金和醫療保健的支出卻增加。[5]看起來要改變現況，似乎困難重重。

撰稿人提出的解方，首先要承認很多老年人還年輕，起碼在比較富裕的國家是如此。這些人還想工作，但希望工作的時間更靈活。他們也會消費，而且潛力可能驚人。根據諮詢公司麥肯錫的估計[10]，從現在起到二〇三〇年，西歐六十歲以上的人群，將貢獻城市的消費增長達到百分之五十九，遠超過比他們年輕的人群。很有意思的是，作者舉曾經臉上長滿痘痘、手腳笨拙的十五歲孩子，以前可能都被當成少不更事的囝仔人，也一直到了一九四〇年代，才有「青少年」[11]這個稱號，其後青少年也很快構成了一個龐大而特殊的市場。到了一九六〇年代中期，青少年還登上《時代》和《新聞週刊》的封面。

這麼說來，像筆者這般剛過六十五歲、有點老又不是太老的人，還有望執另一風潮的牛耳，實在不可思議。更妙的是，就我個人而言，還蠻喜歡「貓頭鷹」這個稱謂。試問世界上有多少動物像貓頭鷹這麼低調，能自食其力，又不擾人，還能成爲森林守護神，也是招福、吉祥及智慧的象徵？

反過來說，既然身爲「貓頭鷹」，就要低調，能自食其力，不要成爲社會的寄生蟲。世界舞台仍然是年輕人的，我們有責任從旁協助，讓他們有更好的發展空間。切忌喧賓奪主，斷了孩子們的發展。畢竟貓頭鷹從來就不是喜歡強出頭的鳥類。

6-4 金池塘

「金池塘」是一部電影的中文名字[12]，它是根據同名百老匯舞台劇轉成的著名美國電影。該片由亨利．方達和凱瑟琳．赫本主演，在一九八一年十二月四日上映，次年獲得奧斯卡十項提名，最後贏得最佳改編劇本、最佳男主角獎和最佳女主角獎三個大獎。

故事描述一對老年夫婦埃塞爾與諾曼，從城市回到擁有美麗湖景的鄉間小屋渡假。女兒切爾西帶著男友比爾，以及比爾十三歲的兒子比利前來看望父母，並爲八十歲生日的父親祝壽。由於切爾西與比爾要去歐洲玩，於是留下比利，請兩老看管。一開始年幼的比利與兩老相處並不融洽，不過漸漸地，老少一起釣魚，又訓練比利跳水，過程中好感迅速倍增。一個傍晚，諾曼與比利開船尋找鱒魚時，意外觸礁導致船隻撞壞，諾曼掉落湖中受傷，幸好在岩石上落難的兩人，被及時開船趕來的埃塞爾和鄰居查理救回。

一個月後，從歐洲回來的切爾西告訴父母，她和比爾已經在布魯塞爾結婚，比爾回去工作。切爾西在湖邊小屋短暫地和父母相處，期間向先前曾經拌嘴過的母親諾曼，抱怨父親從小就不太關愛她、冷落她，諾曼則說父親只是表面嚴厲，內心其實是充滿慈祥的人。

切爾西與父親終於因湖濱朝夕相處而互相諒解。切爾西與比利走後，埃塞爾與諾曼也準備收拾東西，返回城市生活，此時諾曼突發心臟病，讓埃塞爾非常擔心諾曼將與世長辭。幸好諾曼很快恢復過來，兩人也依依不捨地告別金池塘。

嚴格說來，「金池塘」不是一部劇力萬鈞的電影。若單看劇情，還有點單調，卻能得到奧斯卡十項提名，最後贏得三個大獎，除了兩位大明星演出精彩，主題切中老年人在湖濱共渡餘暉，及時處理與孩子之間的緊張關係，化解不必要的危機，才是它實至名歸的主因，並引起大眾的迴響。筆者在看這部電影的時候，正值在台大醫院當住院醫師，年輕又非常忙碌的階段。算一算，至今超過三十五年，卻無法忘懷其中情節。現在和老婆步入老年，我們有機會回味這部電影，也檢視是否擁有自己的「金池塘」？

個人認爲「金池塘」代表在一種靜謐、幽美的地方，短暫地度過人生黃昏的時段。它讓老年人有機會沉澱一下過往，丟棄不快的回憶，重新修補父子、母女間的親情。「金池塘」也隱含及時掌握夕陽餘暉下的短短美好時光，在湖邊或山腰上，盡享黑夜來臨前的美景。

當然，夕陽所以無限好，先決條件是沒有烏雲蓋頂，餘暉能如金光灑遍大地，並在夜幕低垂前，讓人還有機會一親五彩繽紛的大地芳澤。晨曦雖美，但是緊接著一天忙碌的工作，又跟隨正午或下午時刻那般炙熱逼人的太陽。所以能讚賞晨曦無限好的人，畢竟是少數。既然如此，步入黃昏的老年人，應該最有機會掌握這一生裡，最讓人難以忘懷的一段時期。

要怎麼辦才可以讓自己彷彿夕陽般無限好，而不是因爲近黃昏，令人心生憐惜或自怨自艾？要怎麼辦，才可以讓自己彷彿生活在「金池塘」畔，而不是像陷入狹小巷弄一般，日漸暗淡？

6-5 山愛夕陽時

唐代詩人錢起，有一首名為《谷口書齋寄楊補闕》的詩，內文提到「竹憐新雨後，山愛夕陽時」，意思是雨後新筍競發，令人憐惜；夕陽照映下的山景，目不暇給，令人關愛。這似乎指對的時候發生對的事，對的事也要發生在對的地方，才有錦上添花之效。老年人若要擁有令人懷念的夕陽，先決條件就是選個「金池塘」，或有詩意的山腰，讓煦煦的陽光有充分揮灑的地方。更重要的是避免烏雲罩頂，壞了老年時候好不容易享受的餘暉。

什麼是老年人第一個要避免的事？我們先舉二〇一六年英國舉辦脫歐公投選舉當例子，該公投意外地發生脫歐的選票超過留歐，讓英國不得不啟動脫歐程序。當時媒體大刺刺地寫下「擔心被孤立，年輕人不滿老人綁架未來」！原來脫歐公投中，大多數年輕英國人都投票支持留歐，卻被老一輩的人強迫脫歐，以致引起年輕人的不滿。當時，美國有線電視新聞網報導，年齡介於二十五至二十九歲選民中，有百分之六十四選擇留歐，而在三十至三十四歲選民中，也有百分之六十一選擇留歐。但選民年紀過了四十五歲以後，多數選擇脫歐。報導指出，選擇脫歐可能造成八十二萬人會丟了飯碗，其中多數是年輕人。年輕一代的人怒吼：「我不懂為什麼這些人要毀了我們這一代未來」，「你們實現了浪漫的過去，但我們丟了未來」。[13]

這例子充分說明，在攸關下一代未來的議題上，老年人和年輕人可能有截然不同的看法。老年人也許閱歷較多，自認看法較中肯，但是他們可能像年輕英國人所批評的，沉緬於「浪漫的過去」，反而因此綁架了年輕人的未來。國人過去常批評老年人「倚老賣老」，意思是老年人賣弄自己的經驗和做法，對年輕人頤指氣使；或因年紀稍微大一點，就要年輕人讓位或伺候。兩者在現在這個時代，都不足為取。

星雲大師在網路上發表「人間萬事1——成就的條件」，其中卷三提到六種令人討厭的人，包括：輕浮的女性、嘮叨的老翁、懶惰的青年、耍賴的壯漢、無恥的小人、和傲慢的官僚。[14]嘮叨的老翁居然和無恥的小人擺在一起，粗看還以為大師看走眼，弄錯了。後來追查網路上的文章，發現年輕人最討厭老年人的地方，就是嘮叨不休或下了不合年輕人旨趣的指導棋，「現在是超高速的光纖時代，什麼事用網路做就可以了，但是老人還是活在過去的年代裡，還要用自己的想法去教育我們！」[15]或「真的很討厭倚老賣老的人，講話很酸、態度又很差！」[16]

李白在《登金陵鳳凰台》一詩中提到「總為浮雲能蔽日，長安不見使人愁」，雖然詩的旨意在表明李白看到天下紛亂，遠望京城長安，就好像是一片浮雲遮蔽了太陽，令人憂愁。其實，浮雲能蔽日，也一樣令老年人擔心才對。會讓任何年齡層的人討厭老年人，除了上述頤指氣使或倚老賣老，因疾病帶來的性格丕變，或眼力、聽力退化，造成溝通不良，讓老人生活更孤立，脾氣也更孤僻，漸漸地和周遭的人越來越格格不入，這些都是老年人要擔心的浮雲，它們會遮蔽難得的夕陽！

如何能撥雲見日，做一個令人喜歡，或起碼不那麼令人討厭的老人，其實考驗每一個上了年紀的人的智慧和能耐。「山愛夕陽時」，老年人不可能再造另外一個迥然不同的世界，站上另外一個舞台，因此要認份找到一塊靜謐的小地方，最好是一個湖畔或池塘邊，或者還爬得上去的小山頭，不受打擾也不擾人地安享餘暉。

6-6 白首偕老、「卒婚」、離婚？還是攜伴同行！

「金池塘」這部電影，若非老夫、老妻同時上場，劇情、劇力必然大異其趣，也會讓很多觀眾嗒然若失。結婚時，最常使用的祝福用語之一，就是白首偕老。年輕時，忙著個人事業及小孩，夫妻倆既是家庭的支柱，也是事業的伙伴。說實在地，更像戰場上的同袍，有隨時爲家庭、小孩犧牲的準備。但是，年輕氣盛，懂得憐香惜玉的少，倒是鬥嘴的場面多。隨著年華老去，物換星移，人生戰場過了大半，少了煙硝味，多了檢討及省思的時間。接下來就是人生的另外一個歧異、分野的關鍵：「卒婚」、離婚或繼續攜伴同行。

「卒婚」這個名詞源自日本，日本女作家杉山由美子在二〇〇四年提出「卒婚」的概念，認爲夫妻可以在保留婚姻關係的前提下，雙方互不干涉，追求自己的生活。「卒婚」其實和分居的概念差不了多少。日本的離婚率從一九八〇年代的七・七%，飆升到近年的一六・四%，退休夫妻的離婚案例（又稱「銀髮離婚」或「熟年離婚」）急速暴增。

另外，根據俄亥俄州博林格林州立大學「全國家庭與婚姻研究中心」的統計，二〇一四年，五十歲以上（含五十歲）的人離婚率是一九九〇年的兩倍，六十五歲以上者增幅更高，可見熟年離婚是在全球皆有的日益普遍的現象。[17]

根據衛生福利部二〇一二年「老人狀況調查報告」[18]，在台灣，六十五歲以上的人，有配偶或同居者占五七・〇七%，喪偶者三九・二九%，離婚或分居者二・五八%，未婚者一・〇六%。這數字比我們想像少很多，也足足比五十五歲到六十四歲，有五・九六%離婚或分居，以及二・九九%未婚，少了一半以上。而這顯示幾個可能性。

一・六十五歲以上的人，配偶走的走，留下來的老夫、老妻更惺惺相惜，不忍分手。

二・在台灣，走到離婚的怨偶，多在更年輕的時候就了結婚姻。

三・統計取樣的分子、分母，各地有異，造成解讀上的差異。當然，風土人情因地而異，也影響離婚率。下一段的敘述，可以清楚說明。

根據英國《每日電訊報》二〇一六年的一篇統計報導，全球離婚率最高的地方，多在渡假聖地或歐美。第一名的馬爾地夫，每千居民每年有一〇・九七人離婚，其次是蘇聯四・五人離婚，美國排名第六，每千居民每年有三・六人離婚。亞洲只有香港排名在二十名內，名列第十五，每千居民每年有二・七六人離婚。很有意思的是，作者在該篇文章下的標題是：「渡假天堂也是離婚式場」[19]

由此可見，在渡假天堂抱持玩樂或碰碰運氣結婚的人，離婚的比例應該都很高。缺乏共識或共同願景的婚姻，終究不能持久。婚姻固然有傳宗接代的神聖使命，其實，上了年紀以後，更能體會婚姻帶來的另一個好處，就是多了一位忠實的伴侶，老年人各方面都轉趨脆弱，有伴侶隨侍在側，對我們身心都是一大保障。

有一個在芬蘭這個國家進行的研究，非常能說明伴侶的重要性。雖然文章在一九八七年發表，迄今（二〇一七年）已過了三十個年頭，內容卻像陳年佳釀，歷久彌新，非常值得大家參考。該篇文章追蹤一九七二年～一九七六年間鰥寡的九萬五千多人，發現喪偶者一星期內死亡的比率，是平常人的兩倍。而一年內選擇自盡的比率，也遠遠地超過同儕。[20]另外，楊定一博士在洛克菲勒的同學薩波斯基，對動物行爲研究非常深入，他觀察到狒狒只要和同伴有長期而穩定的連結，身心健康比較好，也比較長壽。[21]

類似的研究與觀察結果，應該很多，不必一一羅列。我們在前面一章，也指出孤獨伴晚年的壞處。所有這些資訊，都傳達一個訊息，沒有伴侶的晚年，會活得很辛苦。其實，不只活的時候要有伴侶，死的時候更不能孤獨。盧雲神父說得好：「我們不再需要獨自面對死亡，而是在與世人親密的連結裡死去，這種連結賦予了盼望。」[22]現代人未婚比例越來越高，無論結婚與否，與「世人親密的連結」，應該列爲老年人優先選擇的生活項目。這種連結可以是自己的親人，有共同信仰的教友，甚至於相處得來的朋友。

所以，無論是永浴愛河，還是永浴「金池塘」，重點都在至少有一個知心的伴侶，能夠相知相惜，不必在旅行到達終點前，獨自面對脆弱的晚年。

參考文獻

1. 維基百科：「古詩十九首」，本頁面最後修訂於2016.12.12：23：10
2. 夏漢志：「古詩十九首」賞析全集，2016.06.17，發表於壹讀https：//read01.com。
3. 維基百科：「貓頭鷹」，本頁面最後修訂於2017.07.07：06：35
4. Older, Working Less, Still earning拼湊出來，就成Owls，即「貓頭鷹」。
5. "What to call the time of life between work and old age?", from the Leaders section of the print edition under the headline "Over 65 shades of grey", The Economist, Jul 6th 2017.
6. Geriactives
7. Sunsetters
8. Nightcappers
9. "Nyppies"（Not Yet Past It）
10. "Urban world：the global consumers to watch" by McKinsey Global Institute, April, 2016
11. Teenagers

12. "On golden pond"，本文參考維基百科：「金池塘」，本頁面最後修訂於2016.03.19：06：56

13. 余淩安／綜合外電報導：「【英國脫歐】擔心被孤立，年輕人不滿老人綁架未來」，載於《蘋果日報》2016.06.25：20：02

14. 《人間萬事1——成就的條件》星雲大師著，卷三：「做最好的自己，討厭的人」，佛光山資訊中心協助製作。

15. 討厭的老人@ 蘋果妹的歌舞場：：痞客邦PIXNET：：ellen168.pixnet.net／blog／post／259330469-討厭的老人

16. 靠北奧客- #13492 真的很討厭倚老賣老的老人... | Facebookhttps：／／www.facebook.com／kboutk／posts／1109327395806198。

17. 黃慧瑜／綜合報導：「婚姻新形式「卒婚」不離婚的新選擇」，《台灣英文新聞》2017.06.05：18：13

18. 衛生福利統計專區：「102 年老人狀況調查」，資料來源：衛生福利部：建檔日期：103.01.23：更新時間：106.05.16

19. Oliver Smith："The haven for honeymooners where everyone gets divorced", The Telegraph, 26 SEPTEMBER 2016：11：23AM.

20. Kaprio J,et al：Mortality after bereavement：a prospective study of 95,647 widowed persons.

Am J Public Health. 1987 Mar;77（3）‥283-7.

21.《不合理的快樂——存在的喜悅》，楊定一博士著，天下生活出版股份有限公司，2017年5月一版一刷。

22.《最大的禮物——生與死的靈性關顧》（Our greatest gift‥A meditation on dying and caring），盧雲（Henri J. M. Nouwen）著，余欣穎譯，校園書房出版社出版，2014年3月初版。

第七章

大象的墓地、楢山節考、做七與告別

7-1 大象的墓地

大象是現存世界上最大的陸地群居性哺乳動物，以家族爲單位活動，有時群聚成上百隻大象。象群家族的凝聚力，非常令人欽佩。每天活動的時間、覓食地點、行動路線、及棲息場所，均聽年長雌象或雄象的指揮。大象對家族成員，特別是幼象的照顧與保護，也非常周到。一直以來，人類對於大象的死亡，非常好奇。因爲在遷徙的象群中，極少看到弱不禁風的老象，拖累象群。除了盜獵致死，也不常看到死去大象的屍骨。

有一個說法是，一隻非洲象死亡後，家族的成員們會環繞著它們同類的骨架，似乎哀悼一般，靜默一段時間之後，便把殘骸分解、取走，分別藏在密林中不同的地方。另外一個更悲壯、更淒美的說法是，生病的大象，知道自己來日不多，就刻意脫隊，獨自走到人煙罕至的臨水山洞，進入其祖先也埋骨的地方，安然嚥下牠的最後一口氣。這就是著名的「大象的墓地」。

由於許多以非洲爲背景的電影，如「泰山」或「獅子王」等的推波助瀾，大象的墓地也成爲許多人好奇追尋的目標。根據網路的報導，曾經有一位畢業於大陸東北林業大學，後移居美國從事野生動物保護和研究工作的趙彬，二〇〇三年四月組織了一支十一人的探險隊，其中一位是和趙彬同樣來自中國的劉姬元生物學女博士，一起進入肯亞南部的馬薩洛比叢林。經過半個多月的尋找與守候，他們終於發現並跟蹤一頭步履蹣跚、鬱鬱寡歡的老象，在「整個象群安靜的注視下默默地走入了叢林深處，它的身後不久傳來一片悲傷的長嗥。『經過一翻曲折離奇的跟蹤過程，他們發現老象向一個隱秘的山洞走去。』那個山洞在河道的上方，洞口佈滿了茂密的草木和巨大的石塊，老象用自己的長鼻子撥開橫臥在洞口的幾根粗大的樹木和石頭，然後走了進去；接著，我們又看見它從洞裡面伸出鼻子，卷起樹木和巨石巧妙地遮住了洞口……」[2]

如果這篇網路的報導是眞實的，「大象的墓地」不僅非常戲劇性，甚至於非常「人性」，因爲它透露像大象這樣的生物，也會爲延續族群的生命，而犧牲小我。即令祖先的墓地，也不輕易洩露出去。更有意思的是，大象的「老有所終」，似乎冥冥之中已經注定。本能告訴牠們，怎麼走向歸途，而不殃及象群家族。

當然，自我了斷一生，以保護族群延續的，不是只有老象，人也有時會這樣做，故事張力不輸「大象的墓地」。

7-2 楢山節考

日本在七世紀時，即有棄老的傳說與紀錄，特別在天氣惡劣的信州深山裡，人們的生活都非常困苦。爲應付食指浩繁，女嬰一出生就賣給有錢人家，換來的錢來貼補家用，男嬰則棄置道旁。老人家到了七十歲的年紀，就要由家人背到深山野嶺，任憑自生自滅。日本小說家深澤七郎，將這故事寫成小說《楢山節考》，並且兩度拍成電影。最近的一次在一九八三年，由今村昌平導演，飾演女主角阿玲婆婆的阪本澄子，爲了求逼眞，竟把自己的門牙削斷，該片也獲得坎城影展「金棕櫚獎」。[3]

電影中，年已六十九歲的阿玲婆婆，爲了讓孫子多一口飯吃，忍痛拿起石頭敲掉自己的牙齒，讓自己看起來蒼老一些。兒子辰平背著母親上山的這段，可以說是全片最感人肺腑的一段。沒有對白，只有母子兩人默默地走著山路，並且彼此照應。辰平受傷了，母親細心地包紮；辰平要將飯糰留給母親，母親堅持不接受，平靜地聽候命運的安排。辰平回家的路上，見到鄰居將父親五花大綁的送上山，並將他推落在深谷裡，他也只是默默地當一個旁觀者，並未責備。因爲，他做的也是同一件事。[4]

這部電影也暴露許多早先人類像動物一般赤身裸體，爭食一口飯及肆意性交的行爲。後者對繁衍後代自有其必要，但是也產生口糧不足以維持全家人生計的問題。在中國春秋時代，宋國被楚國圍攻，城內糧食耗盡，成人要維持體力打仗，迫不得已交換餓死的子女當食物充饑。「易子而食」變成後來形容災民悲慘生活的代表。而老弱婦孺，在戰亂饑荒的年代，逃難遷徙不易，成爲最容易被犧牲的族群。

目前我們進入承平的時代，多數人豐衣足食，基本的民生問題不成問題，不可能再把老者丟棄山上，反而面臨社會高齡化的族群過剩，耗費大量社會資源，生活壓力轉嫁到年輕人身上，迫使他們不想孕育下一代。如此惡性循環下，社會的結構愈來愈老化，人類的生存又陷入另外一種困境中，形成新世代的「楢山節考」。

7-3 愛因斯坦和居禮夫人的生死觀

愛因斯坦生病，另一位知名物理學家波恩的太太常來看他，有一天問他是不是怕死？「不，」愛因斯坦回答「我只是全體生命中的一部份，我對於這無限潮流中一個人的生死並不關切。」波恩太太認爲這就是他對生命的典型看法。愛因斯坦病入膏肓，有人建議手術治療他的腹膜炎，他堅決拒絕，並表示：「當我想要離去的時候請讓我離去，一味地延長生命是毫無意義的。我已經完成了我該做的。現在是該離去的時候了，我要優雅地離去。」[5]

在另一位偉大的科學家居禮夫人的眼中，「生命是渺小的，跟她所從事的工作簡直不能相比。三十年前，預感到意外事件會帶來死亡的彼埃爾．居禮，曾以一種悲壯的熱情埋首於工作中，現在輪到瑪麗開始接受悲慘的挑戰，……她無視於日復一日顯著加深的疲憊，纏繞她的慢性疾病，她欠缺的視力，有一邊患著風濕的肩膀、嗡嗡作響的耳鳴。」這個外表看來瘦弱，又多重疾病纏身的人，即使在她生命最後的時刻，仍力抗病魔。但是，在一九三四年七月六日那一刻來臨的時候，居禮夫人保持一貫虛懷若谷的態度，不願勞師動眾，「在沒有弔辭及送葬的行列，沒有政治家和官員列席的情形下，謙遜地安息在死者的國度。」[6]

這兩位偉大科學家的生死觀，非常値得我們省思。他們對科學研究的執著，無庸置疑；對個人的生死，也可以如此灑脫面對，則令我們深深折服。個人是「全體生命中的一部份」，因此一個人在這無限的生命及時間潮流中的生死，不須要看得太重。在本書第二章描述春秋時代，晏子（嬰）和齊景公的故事，也不禁令人嘆服晏子的高見。人或任何生物若眞的都不死，我們的後代怎能有生存及發揮的空間？

準乎此，我們要怎麼準備自己的「歸鄉」及後事？聖嚴法師主張「要想著自己有永遠的過去，也有永遠的未來，這是接受死亡最好的心理準備。生的時候人人想要有尊嚴，死的時候更要有尊嚴，尊嚴這兩個字要如何表達？不同的社會與文化背景各有不同做法」他主持的法鼓山積極推廣環保自然葬法，因此在民國九十六年捐出一塊地，成立「台北縣立金山環保生命園區」（現改爲新北市金山環保生命園區），免費提供往生者的骨灰，帶至園區植存，與大自然合一，上面種植各種花卉，變成美麗的花園。當然他不主張舉行任何宗教儀式，也不焚燒紙錢、香、燭火等。[7]

聖嚴法師已經非常簡化喪葬儀式，但是，若和莊子比，又要略遜一籌。莊子快要死了，弟子打算厚葬他，他阻止，並且說：「吾以天地爲棺槨，以日月爲連璧，星辰爲珠璣，萬物為齎送。吾葬具豈不備邪？何以加此！」他的弟子說：「吾恐烏鳶之食夫子也。」莊子說：「在上為烏鳶食，在下為螻蟻食，奪彼與此，何其偏也！」反正人死後，總有食腐生物爭食「臭皮囊」，管它是烏鴉、禿鷹，還是螞蟻、蟲子。西藏人的天葬，頗符合莊子的意念，但是帶有佛教主張人死後沒保留肉體的必要，因此把身體布施餵老鷹，符合釋迦牟尼傳記中所說「割肉餵虎」的精神，讓死者的靈魂也可以隨鷹昇天。

莊子如此看待自己的身後事，和西藏人的天葬，走向「大象墓地」的老象，或《楢山節考》故事中的阿玲婆婆一樣，都以最自然卻又悲壯、淒美的方式了斷自己，也都同樣地令人欽佩。而聖嚴法師簡約的喪葬儀式，對照下一節孔子及其弟子訂下的繁文縟節，實有天壤之別！

7-4

「慎終追遠」，能民德歸厚嗎？

比莊子早生一百多年的孔子，立下很多規矩，其中包括他的弟子曾子說的：「慎終追遠 民德歸厚矣」，意思是人對生死要看得很重，辦理後事要謹慎，以克盡孝子之禮；不管祖先離開我們多遠，我們都要虔誠地祭祀追念。這樣民風才可以達到淳樸、忠厚的地步。

孔子是歷代皇帝的最愛，因爲他訂下太多有利於一統天下，教人民臣服的規矩。「慎終追遠」是其中之一，因爲接下來「民德歸厚」，非常有利於統治。如果老莊的道家思想成主流，後來的民間信仰可能整個改觀，而對死者的做法會迥然不同。孔子死後，許多弟子爲他服喪了三年，而其最得意的弟子子貢爲其守墓、服喪足足六年，也因此成了國人慎終追遠的典範。

孔子口口聲聲講：「未能事人，焉能事鬼？」「未知生，焉知死？」，《論語》也說：「子不語怪力亂神。」好像教人不要太計較死後的事。如果我們只讀《論語》，不管孔子的學生及戰國時期儒家學者的大作《禮記》，我們一定會以爲孔子和莊子一樣，不太注重身後事。果眞如此，我們就大錯特錯。顧名思義，《禮記》記錄春秋戰國時期，所有人都應該遵循的規矩。原書據說有一百三十篇，因爲各種原因失傳或散逸，留傳下來到今天的只有四十九篇。不要小看這數字，單單在字面上，可以看得出來和葬禮相關的就有五篇，包括第十五篇「喪服小記」、第二十二篇「喪大記」、第三十四篇「奔喪」、第三十五篇「問喪」及第四十九篇「喪服四制」。其他章節像第三篇「檀弓上」及第四篇「檀弓下」，篇名看不出和葬禮相關，講的其實也是葬禮細節。若從頭數到尾，至少有十篇記述葬禮相關的儀式。每篇動輒上千個字，也都不厭其煩地敘述各種繁文縟節，鉅細靡遺到令人覺得讀來煩瑣。

從一樁小事，可以看出孔子的拘謹，幾乎到吹毛求疵的地步。孔子生病，自知壽命將盡，感嘆：「泰山其頹，則吾將安仰？梁木其壞、哲人其萎，則吾將安放？夫子殆將病也。」他很不放心自己棺柩停放的位置，和子貢討論細節，因爲夏朝、殷商及周朝，三個朝代棺柩停放的位置都不一樣。按照他的祖籍說來，他是殷商的後裔，應該按照祖先的傳統方式置放；但是又生長在周朝，理應遵行周朝之禮。就在猶豫之間，幾天後，他就去逝了。當然他的弟子，懂得老師的意思，葬禮進退也都合乎禮節。

在「喪服小記」中，提到孝服，要「斬衰，括發以麻」。括發即服喪。喪服分上下衣，喪服上衣叫「衰」（披在胸前），下衣叫「裳」。「衰」是用最粗的生麻布做的，衣旁和下邊不縫邊，所以叫做「斬衰」。我小學四年級時，祖母過世，身爲長孫，披麻帶孝，穿的就是最粗的生麻布做的。在第三十四篇「問喪」中，提到「親始死，三日不舉火，故鄰里爲之糜粥以飲食之。夫悲哀在中，故形變於外也。痛疾在心，故口不甘味，身不安美也。」長輩死了，眞的食不甘味，因此，當年祖母過世時，家裡不生火，就靠鄰居煮食以果腹。

服喪三年也在第十五篇「喪服小記」中有明確記載。當然，所有喪事相關規矩，包括各官階層級人士死亡的禮節，主人及各級人士的位置，奔喪什麼時候要哭，乃至於小斂、大斂該怎麼做，都寫得非常詳細。讀完《禮記》回過頭來，看孔子死後，弟子爲他服喪了三年，就不希奇了，因爲《禮記》已經立下規範，那一個弟子敢不守規矩？

可怕的是，《禮記》開啟兩千多年的喪葬禮儀，其中很多繁複、不甚合理的地方，至今還沿襲。包括小斂、大斂，以及孝男、孝女不能睡床，只能睡草席等等，令人嘆爲觀止。劉梓潔在《父後七日》這本書，記述其父親死後七日內，自己及家人的遭遇，以她觀察到的奇怪的現象及做法，赤裸裸地呈現在讀者面前。[8]文中，她用「人生最最荒謬的一趟旅程」來形容送別亡父的這段過程。荒謬感的產生，來自於人們對死亡過程及另一世界的無解，因而產生許多莫可奈何又突兀的情境，在葬儀社「土公仔」主導下，混搭佛、道、儒家的紊亂禮節。[9]

在二十一世紀的今天，如果一直承襲兩千多年前的想法和做法，來表達「愼終追遠」，能否達成民德歸厚，令人存疑。最令人驚倏的，恐怕是與現代人的思維格格不入，而益顯唐突的做法。這還包括後來傳入中國的佛教，某些教派的舉止。

第十四世達賴喇嘛是藏傳佛教中格魯派轉世傳承的領袖，於一九八九年以維護西藏自由與西藏人的歷史文化遺產，而獲得諾貝爾和平獎。其修行已臻化境，所以一言一行都受到全世界的矚目。但是，達賴喇嘛對於生死的看法，恐怕出乎一般人意料，下一節將詳述之。

7-5 達賴喇嘛與台灣「人間佛教」的生死觀

在《達賴生死書》[10]中，非常清楚地描述「臨終的視覺內容，其順向次序：海市蜃樓、煙、螢火蟲、油燈火燄、鮮明的白色心天、鮮明的紅橘色心天、鮮明的黑色心天、澄明。」，因爲人死不能復生，這一部分無法印證，只好姑妄信之。死亡的首四個階段，他認爲是四大元素——地元素、水元素、火元素、風元素的瓦解。死亡的最後四個階段，「在心的極微細層次開展時。通常最微細的意識會在身上停留三天。」在這過程裡，會有一個中陰境，這是非常特別的境界。

達賴喇嘛認爲，正如我們入睡時會現起一個「夢身」，「在中陰境我們突然會有一個形似再投生時的身體。這個身體通常會像我們在來世大約五、六歲時的身形。就像一個『夢身』，是由心氣和合而成。」由於佛教深信生死輪迴，藏傳佛教更強調投胎轉世，故死亡過程中若有「夢身」，確實是不壞的際遇。

比較令人難以接受的是，達賴喇嘛強調「具有堅定慈悲及智慧的修行者，可以在修行之道上運用性交，以性交做爲強大意識專注的方法，然後顯現出本有的澄明心。」澄明心是臨終視覺內容的一個境界。人都要死了，那裡來心情和能力性交，然後顯現出那個澄明心？！

此外達賴喇嘛也說：「臨終時，不服用令我們無法正確思考的藥物很重要。對有宗教信仰的修行者而言，必須避免令心麻醉的藥品，因爲精神意識必須盡可能清明，注射藥物讓自己有一個『祥和的死亡』，將剝奪心透過對無常的思索、信念的生起、慈悲的感覺或對無我的禪定，而展現善德的機會。」問題是很多人，包括末期癌症患者，非使用藥物，不能抑制他們的疼痛或不舒服的感覺。就人道觀點而言，生前好過遠勝過死後好走，何況臨終時，人能不能「正確思考」，或死後好不好走，永遠無法印證。

達賴喇嘛的生死觀，仍保留傳統藏傳佛教的思維與格局，短期內恐怕無法突破這個窠臼。幸好「人間佛教」目前在台灣已蔚爲佛教發展的特色，無論是前章提到的聖嚴法師，佛光山的星雲大師，或慈濟功德會的創辦者證嚴法師，他（她）們的生命觀多趨於務實。若依據達賴喇嘛的說法「最微細的意識會在身上停留三天」，或依據傳統佛教的說法，神識在人往生後八小時或二十四小時內仍在，不可移動其身，則現代人死後很多事都做不了，包括及早善後或捐贈遺體或器官。

有人問證嚴法師這個問題，因爲捐器官或爲遺體要及時做防腐處理，這樣是否違背佛教教理？法師答覆說，在佛陀「本生經」中記載他過去如何獻身救度眾生，如投崖飼虎、割肉餵鷹，這是佛陀的心願，能達成心願就會歡喜。各人業力與願力不同，有人會帶著瞋恨心、煩惱心離開，有人會堅持自己的願心願力。如果不願意捐贈，就不要移動他，以免引起他的煩惱。[11]前一節提到西藏人的天葬，也反應因地制宜且富彈性的做法。

「人間佛教」的思維，替台灣一般民眾解決不少傳統混合儒釋道衍生出來身後事的繁文縟節，但是，要更合理化行之千年的習俗，做到聖嚴法師簡約的喪葬儀式，顯然還有長段的路要走。

7-6

做七

做七是一種民俗，在民間行之上千年，有人考據最早為往生者做七的記錄，始於北魏，在《北史・外戚傳》中，記載外戚胡國珍去世，北魏孝明帝在七七四十九日為他設千僧齋。推測這樣的禮俗是從佛教輪迴的觀念而來。[12]

既然與輪迴相關，根據釋大寬法師說法，亡者中陰身的神識是七天覺醒或蛻變一次。雖然中陰身在七七四十九天之內的每一個時間點，都有可能投胎往生到六道輪迴的其中一道，但是在每個七的時間點上去投胎的機率是比較大的。若然，則每隔七天的當天，請有修持的出家法師誦經拜懺超渡，這樣子做七的功效才是最大的。[13]一般佛教做七的內容包括：

（一）三昧水懺
（二）金剛經
（三）藥師懺
（四）藥師經

（五）金剛懺

（六）禮八十八佛大懺悔文

（七）地藏懺

如果經濟能力許可，還可以啟建規模較大的三時繫念法事、大甘露蒙山施食法事，或是梁皇寶懺大法會及瑜伽燄口超度法會。

在筆者小時候，仍生活在農業將轉型工業的時代，許多喪禮習俗，仍承襲先人的做法，做七是悼念死者並祝他（她）們一路好走不可避免的儀式。每次做七，孝服照穿，跟著法師行禮如儀，直到四十九天圓七，才燒掉孝服及相關祭品。祖母過世時，我才小學四年級，聽到法師唸到奈何橋，長輩不忍痛哭失聲，彷彿和祖母一起渡過陰曹、地府那般無奈。

民間習俗常說亡者會在頭七當天晚上回家看看，有可能化身爲蛾或其他方式讓家屬感受到，有的家屬會夢到亡者或親眼看見亡靈。由於當年年紀小，膽量小，就算祖母要回來看我，還是小生怕怕。畢竟死去的人的樣子，和活人還是不同。祖母會用什麼容貌，回來看她生前最疼愛的長孫，實在無法臆測。還好，如果眞有神識或靈魂可以回來，祖母也會體諒孫子膽小，不來搔擾。

身後會發生什麼事，沒有人可以弄清楚。如果選擇相信生死輪迴或投胎轉世，就免不了要做七。現代人多居住公寓大廈，做七的儀式，極少能在家執行，必須選擇一間佛堂或寺廟舉行。除了時間，家人還要遷就地點，對於本來已經忙碌不堪的年輕人，構成相當麻煩的問題，如果還要排那個七由那個子女來做，或對於越來越多獨居或寡居的老人，甚不堪執行，多是難題。就我最近碰到的親屬亡故案例而言，多數選擇告別式時一次做完。

在第二章，我們引述的調查發現，在台灣自認佛教徒及道教徒者占一半的人口，無宗教信仰的比例高達三分之一。即使是後者，多數人臨終時，仍然會選擇佛教或道教的儀式。但是，一如前一節所言，目前這些儀式融合千年傳統，參雜儒釋道各家之長短，因此相當混亂。尤其科技演進，一日千里，對生死輪迴或投胎轉世的看法，也會有相當程度的修正。做七的做法，就算短期內不偏廢，也將會與時俱進。

如果相信生命是永續的，就要像南華大學教授慧開法師一般刻意去經營，方法就是四個千萬：千萬不要錯過生命賞味期、千萬不要做生命的延畢生、千萬保持足夠體力和精神往生、千萬成立個人往生後援會。至於施行細則，則除了第二個千萬在本書第四章有詳細介紹，其餘則要參考慧開法師的著作或直接請示他。[14]當然，信不信生命是永續的，或講明白一點，有沒有永生這回事，則是另外一個議題，在本書第二章稍有著墨，但是仍有進一步討論的空間。

7-7 生前契約

很多年前，聽到禮儀公司搞出生前契約，和一般人的想法一樣，以爲這種類似一般保險公司的做法，但又不是生前看得到履約，卻是等到死後才能兌現的契約，怎麼會有人放心去購買？若收錢的公司不兌現，豈不是成爲老鼠會裡最後一隻該死的老鼠？何況死無對證，從陰間裡回來討債，行不行得通，沒有一個活人可以搞得清楚！

之後，有一些親朋好友過世，其中有的活著的時候就辦好生前契約，過世時，禮儀公司履行契約上的約定，提供殯葬禮儀的服務，讓家人在悲傷之餘，不需煩惱處理喪禮的事宜，的確給家人帶來相當的便利。生前契約就如同保險，可以利用儲蓄方式，或一次繳清所有的身後事的花費，禮儀公司再依照費用約定的明細，個人指定的宗教信仰、生活習慣及喜好，時候到了，就提供指定的禮儀服務。

國內殯葬禮儀服務業是在一九九二年起，才紛紛引進在歐美行之有年的「生前契約」。一開始良莠不齊，管理不善，引發一些問題，隨後政府介入，並訂定殯葬管理條例。和生前契約信託相關的第四十四條，自二〇〇三年七月一日起生效，「生前契約」變成有制度也有保障的保險，值得所有關心「老有所終」的人考慮，在活著的時候，就安排好後事。尤其少子化的年代，子女不是不在身邊，就是忙著打理自己的生活。身爲負責任的長輩，若生前就安排好後事，不用子女費心勞神，相信孩子們都會樂見、感恩。

雖然各家生命事業、禮儀公司的契約內容，會有一些出入，但是多數大同小異。契約上的禮儀服務，大體上可以分成四型，從最簡化到精緻型、基督教或天主教等西式，以及豪華型等，不一而足，價格因此可以從十多萬一路往上竄到幾十萬。花費當然和告別式場的規模大小，以及一些細節的安排有關係。現代人大多選擇火化，所以最基本的內容就包括：臨終諮詢、大體接運、設立靈堂、入殮、法事、諮商協調、奠禮準備、發引、火化封罐、返主除靈、安奉進塔等。契約內容不包含政府規費（廳堂、冰櫃、火化）、地方風俗（如花車、大鼓陣、做七、做功德）以及回贈品如毛巾、手帕等。[15]

內政部全國殯葬資訊入口網，列舉購買生前契約一定要知道的十件事：

一．合法生前契約業者必須具備「一定規模」
二．業者應將百分之七十五的預收費用交付信託
三．注意五天的契約審閱期
四．契約應以書面明訂總價與付款方式
五．熟讀契約的服務項目、規格與實施程序

六．廣告與文宣是契約內容的一部分

七．簽約日十四天內可無條件解約

八．定期檢視與調整契約內容

九．不宜以投資心態購買

十．民國九十二年六月三十日前簽訂之生前契約，不受殯葬管理條例規範之拘束，業者不須依法將百分之七十五的預收費用交付信託。[16]

「生前契約」的使用者若身故，生命事業或禮儀公司通常是被動通知。若契約載明的親朋好友屆時可以連絡最好，若是獨身，或親友不常在身邊的人，更需載明可以連絡通報的人，包括里長、大樓管理員或可靠的鄰居。當然，他們也需事前知道使用者有這樣的合約。由於簽訂生前契約到履行契約的時間，可能長達數十年，使用者的連絡人有可能會變，使用者對於身後事處理的想法也可能會變，因此無論是自身需要或給家人使用，都應定期檢視契約是否有調整的需要。簽約時要在契約上明訂檢視與修改的時間，只要在總價款不變的原則下，都可以要求業者變更服務的項目和規格。[16]

一張生前看不到履行的合約，卻是身故之後，一路好走的關鍵，眞可以算是時勢造英雄。

7-8 告別的身影

宋朝末年文天祥在國破家亡時，講了一句千古名言：「人生自古誰無死，留取丹心照汗青」文天祥義無反顧地殉國，歷史上，沒有幾個人比得上。曹雪芹在《紅樓夢》裡評價襲人時，引詩曰：「千古艱難唯一死，傷心豈獨息夫人？」其詩中息夫人（息嬀），是春秋時期息國國君的夫人。一般人會像息夫人一樣地「千古艱難唯一死」，是眞的怕死，沒有文天祥那般偉大的情操。怕死可能是貪生，也可能不是。

前面章節提到愛因斯坦和居禮夫人的生死觀，可以讓我們一窺世紀偉人對死的看法，更欽佩他們可以用如此優雅的態度，處理個人的臨終大事。在一般人的心目中，讀書人知書達禮，理應善於處理身後事。的確，如果看到二十世紀中國人所熟識的四君子蔡元培、胡適、傅斯年、梅貽琦，讀過他們臨終的際遇，沒有幾個人不受感動。如果網路傳遞的訊息是正確的，他們的故事，絕對感人肺腑。

蔡元培晚年旅居香港，生活拮据，生病後無錢看病。一九四〇年三月五日過世，身後無房產，且欠下醫院千餘元醫藥費，就連入殮時的棺木，都是商務印書館的王雲五先生代籌，其清貧令人難以想像。胡適於一九六二年二月二十四日，參加中央研究院第五次院士會議時，因心臟病猝發逝世。胡適死後，秘書王志維清點遺物時，發現除了書籍、文稿、信件外，胡適生前留下的錢財，也只有一百三十五美元。[17]

傅斯年於一九五〇年十二月二十日，因腦溢血病逝。逝世前幾天，爲董作賓先生刊行的《大陸雜誌》趕寫文章，以便拿到稿費，做一條棉褲。死前曾對妻子俞大綵說：「你嫁給我這個窮書生，十餘年來，沒有過幾天舒服的日子，而我死後，竟無半文錢留給你們母子，我對不起你們。」幾天後，董作賓把稿費送到傅家，俞大綵捧著裝錢的信封，泣不成聲，因爲傅斯年已經過世，再也不需要棉褲了。梅貽琦於一九六二年五月十九日病逝台大醫院，他生前隨身攜帶一個手提包，死後在各方人士監督下，秘書將皮包打開，所有人都目瞪口呆，原來裏面裝的是清華基金賬目，無個人物品，在場者無不感動落淚。[17]

人窮志不窮，書生告別，可以如此高風亮節，眞的不枉費這一生了！當然，文章記錄的，都是過世前或後一段時間，大家印象最深刻的事情。就一般人而言，無論有無重病在身，過世當下，無法控制自己，要表達任何事都已經不太可行。所以，必須在身體還可以的時候，準備用什麼方式告別，清楚地讓身邊的人知道。

就拿我的曾祖父爲例，晚年茹素，不知何種身體狀況，讓他預感那一天會離開，除了不再進食，排空體內的東西，也事前沐浴更衣，然後要家人幫他扶坐在客廳椅子上，在他預告的時刻離開。還事先告訴家人，不要哭泣，讓他可以安祥地離去。

我的曾祖父也許是特例，但不是學不來的例子，只是方式或程度會有一點差別。我的一位堂叔莊廣水，受過日本教育，通中文，也是早年家族中唯一的公務員，保有每天寫日記的習慣。過世前六年還有幸與堂嬸一起度過銀婚（圖7.1）。過世前不久，身體還可以執筆時，用中文及日文，非常工整地寫好道別的字（圖7.2），在告別式場播放，令人印象深刻。也有人還活著的時候，就辦一次告別式，想知道自己死後，會被用什麼方式追悼。畢竟人還活著，就算最親近的親朋好友，能「據實」演出的不多，反而流於鬧劇的成份居多。

死亡是不可逆，也是無法比照的生命程序。不管優雅不優雅，每個人都有一天會走過這一趟。要死得不那麼難看，除了天命不可違，有無法掌控的客觀因素，也有很多時候，老天給我們時機，可以安排身後事，但看我們如何不錯過它。若大象可以走到自己的墓地，或楢山節考故事中的阿玲婆婆，可以如此悲壯又淒美地終結這一生，身爲現代人，在處理個人身後事時，實在沒有理由草草了事，帶給後人困擾或難以處理的狀況。

圖7-1

筆者堂叔莊廣水（中）及堂嬸（右）於2011.09.24參加新竹縣政府舉辦重陽敬老以及鑽石婚的表揚，兩位時年分別為83歲及82歲。廣水叔高興地接受縣長邱鏡淳（左）的致意。

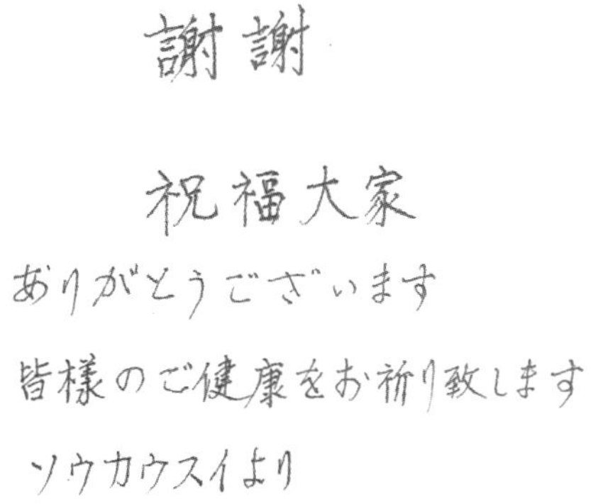

謝謝
祝福大家
ありがとうございます
皆様のご健康をお祈り致します
ソウカウスイより

圖7-2

廣水叔於過世前一段時間，身體還可以時，親筆寫下與親友道別的中日文告別詞，祝福大家。

參考文獻

1. Elephants' graveyard,文章資料參考百度百科：「大象」（https：//baike.baidu.com/item/大象©2017 Baidu）
2. 張振中撰文，趙彬口述：「大象墓地的生死搏」，摘自智悲佛网（www.zhibeifw.com/cssy/ln_fswk.php?id=2088）
3. 維基百科：「楢山節考」，本頁面最後修訂於2017.07.10：06：55
4. 李力昌：「貧窮的悲哀，《楢山節考》電影觀賞心得分享」，201105082155李力昌的教學部落格。
5. 《愛因斯坦傳》（ALBERT EINATEIN），克拉克（Ronald W. Clark）著，張時譯，天人出版社印刷．出版．發行，國際文化事業有限公司總經銷，出版日期未註明，筆者1975年購入。原著《Einstein：The Life and Times》（1972）ISBN 0-380-01159-X。
6. 《居禮夫人傳》（MADAME CURIE），伊芙●居禮（Eve Curie）著，曹永洋、鍾玉澄譯，志文出版社出版，民國64年10月再版。
7. 聖嚴法師：「聖嚴法師的生死觀」，摘自聖嚴法師-udn部落格(blog.udn.com/likeking/4233037)，

2010.07.16：23：49
8. 《父後七日》，劉梓潔著，寶瓶文化事業股份有限公司出版，2017.08.02日初版，第63刷。
9. 朱心怡：「從『父後七日』看臺灣的喪葬習俗」，《止善》第十期主題論述，2011年06月第15～34頁，朝陽科技大學通識教育中心。
10. 《達賴生死書》（Advice on Dying：And Living a Better Life），達賴喇嘛著作，傑佛瑞．霍普金斯（Jeffrey Hopkins, Ph.D.）英文編譯，丁乃竺翻譯成中文，天下雜誌股份有限公司出版，2017.01.09第二版第三次印行。
11. 盧蕙馨：證嚴法師「人間菩薩」的生命觀，「印順長老與人間佛教」海峽兩岸學術研討會，《學佛三要》第34～36頁，台北：正聞出版社，1994 年。
12. 乃濟：「做七的由來與規矩-法音」（www.minlun.org.tw/old/390/t390/t390-4-10.htm）
13. 釋大寬法師：「作七法事重要嗎？往生作七流程？做頭七意義與禁忌？」（Buddha Wiki，www.muni-buddha.com.tw/dakuanQA/作七法事wiki.html）
14. 慧開法師雙閣樓講座：「從生命永續到生死自在」人間社記者薄培琦大樹報導，2016.11.10
15. 龍巖股份有限公司新竹營業處鄭素仙女士提供資訊。
16. 內政部全國殯葬資訊入口網：「購買生前契約一定要知道的10件事」，本頁最後更新日期：2014.06.10：14：49：11（mort.moi.gov.tw/frontsite/cms/newsAction.do?method=viewContentDetail）

17. 蔡元培、胡適、傅斯年、梅貽琦的事蹟，摘自：歲月留影@健群歲月行腳20101221成立：：隨意窩Xuite日誌，20170323（blog.xuite.net/wu120835/blog?st=c&p=1&w=4325698）

第八章

長命百歲 不如品質九九

8-1 從「一百零三歲沒看過醫生 老康健」說起

「一百零三歲沒看過醫生 老康健」是一篇新聞報導用的標題，記者魏怡嘉報導家住台北市大安區的一百零三歲黎老太太，身體硬朗，健保IC卡發卡迄今，從未使用來看病。黎老太太七十八歲的兒子表示，媽媽日常生活均可自理，洗澡不假家人之手，飲食講求天然，平日喜歡到公園曬太陽、做一點運動。根據健保署統計，健保IC卡發卡迄今已十三年，有五萬一千三百零六人從未使用IC卡看病，其中一百歲以上人瑞就有四十一人，健保署長李伯璋表示，這些從未使用健保看病的民眾，是令人羨慕的「自我健康管理達人」。[1]

從未使用健保看病的民眾，是否「自我健康管理達人」，難以置評。有的人「天生麗質難自棄」，基因好到不須要費心保養身體，也可以輕輕鬆鬆長命百歲。有的一輩子不需「勞其筋骨，餓其體膚，空乏其身」，沒有飽受風霜之苦，自然地身體的傷害減至最小，健康長命的機會增至最大。若加上家財萬貫，看病要享特權，自然不須要平民化的健保了。

從另外一個角度看，能自我健康管理，的確是老人追求良好的生活品質的第一步。根據衛生福利部一〇二年「老人狀況調查報告」，五十五歲以上的長者對老年生活的期望，主要以「身體健康的生活」、「能與家人團圓和樂的生活」、「經濟來源無虞的生活」爲較多。六十五歲以上老人，不分男女皆以「身體健康的生活」爲最多的期望。就有無子女觀察，有子女者，期望「能與家人團圓和樂的生活」的比例第二高，無子女者，比較期望「過與自己興趣相符的生活」、「有良好居住環境的生活」及「經常外出旅遊的生活」。[2]

國人常說：「牽一髮而動全身」，對於上了年紀的人，「牽一身而動全局」，是比較貼切的，因爲身體一有異樣，可以立即打亂老年人的佈局。在國外亦然，無論是伊朗或巴西，大規模的研究都指向慢性病纏身，是影響老年人生活品質的頭號元兇。[3、4]在日本居家照護可以做到改善身體的狀況，也相對地改善老年人生活的品質。[5]

很有意思的是，衛福部一〇二年調查報告，統計五十五～六十四歲覺得目前健康與身心功能狀況「良好」者（包含很好及還算好）占六二・五%，「普通」與「不好」者合占百分之三十七，其餘爲很難說、不知道或拒答。與九十八年比較，感覺「良好」者減少三・九個百分點。就性別觀察，男性覺得「良好」者占六五・三%，較女性五九・八%爲高。六十五歲以上老人覺得目前健康與身心功能狀況「良好」者占百分之四十七，「普通」與「不好」者合占五二・五%。與民國九十八年比較，感覺「良好」者減少五・二個百分點。就性別觀察，男性覺得「良好」者占五〇・八%，也比女性四三・六%爲高。[2]

衛福部的調查報告，有三點值得注意：（一）隨著年齡增加，健康與身心功能狀況，自然地每況愈下；（二）無論五十五～六十四歲或六十五歲以上，男性自覺良好的，都比女性高；（三）最值得注意，也最令人困惑的是，從九十八到一〇二年，無論五十五～六十四歲或六十五歲以上，感覺「良好」者減少三・九到五・二個百分點。這數字的急速遞減，顯示的意義，值得我們進一步探討。

8-2 長壽的迷思

蜉蝣是朝生暮死的水蟲，也是常常被用來當做短命的代表。朝生暮死，時間的確很短，不過，這是個人的感覺，和大約四十五．四億年地球的年齡相比，或者與宇宙的年齡，也就是從大爆炸開始至今所經過的時間，大約在一百三十六億年到一百三十八億年之間相比，蜉蝣和人類的壽命，其實差不了多少。

活著就想多看一眼這個花花綠綠的世界，享受五光十色的生活，因此，長壽成了多數人渴望的目標。按照字面的意義，長壽當然是指壽命夠長、活得夠久。長壽若指的是數字，這數字是浮動的，也是相對的，因爲它最好的定義，就是能存活超過該物種死亡時的平均年齡。[6]人是聰明的物種，所以會利用各種方法延年益壽，尤其第二次世界大戰以後，更善用科技，拉長壽命。以筆者出生時的一九五〇年爲例，台灣人的平均壽命或稱平均餘命[7]爲五十四歲，存活超過五十五歲的人就是長壽；但是到二〇〇〇年，平均壽（餘）命爲七十六歲，五十五歲就死的人就變成短命！

現代人普遍覺得人越來越長壽，若看平均壽命的數字往上爬，的確是如此。但是，從二十世紀中葉以後，人類的平均壽命，其實已經逐漸攀升到八十歲的平穩或停滯狀態，之後波動不大。[6]很有意思的是，一八八一年統計英國當時的平均壽命是四十四歲，但是若扣除嬰兒時期死去的人口，推算出可以活到長大成人的男性，其平均壽命是七十五歲，只比現在七十七歲的年紀少兩歲！可見預防醫學進步，減少嬰兒時期的死亡率有多麼重要！此外，美國人口普查局估算從二〇〇六年到二〇五〇年，美國人的平均壽命可以從七十七・八歲再往上爬升到八十五歲左右，儘管繼續往上爬，幅度畢竟還是有限。[8]回過頭來看台灣，內政部公布「一〇五年簡易生命表」，國人的平均餘（壽）命爲八〇・〇歲，無論男性、女性，都較前一年微降了〇・二歲。[9]

這些數字背後，顯示每一個物種的身體結構，或講得更細一點，遺傳基因的組成，加上生活環境及生活習性，框住他們的壽命，不太可能無限延伸。江東亮教授曾爲文「國家愈有錢，人民愈健康？」[10]，指出人均國民所得一千美元以下的國家，沒有一個國民平均壽命超過七十歲。一九五〇年的台灣，正好跟現在的馬拉威一樣，國民平均壽命只有五十四歲，當時台灣人均國民所得大約二百美元，比現在馬拉威的三百六十美元還低。一九七〇年台灣人均國民所得提高至三百六十九美元，但是壽命快速增加到六十九歲。二〇〇〇年所得提高到一萬三千二百九十九美元，壽命增加到七十六歲，之後經濟增幅放緩，雖然國民所得達到二萬美元，壽命也只小幅增加到七十九歲。比較悲哀的是，隨著社會貧富差距愈大，雖然人均國民所得拉高，但是和平均壽命愈長的關係已不復存在，反而有縮短的趨勢。

江教授的發現，不僅呼應最近發表在著名的《自然》科學期刊的報導，指出人類的壽命上限在一百一十五歲，不再無限上升。[11]也說明衛福部一〇二年調查報告，無論是五十五～六十四歲或六十五歲以上的族群，健康與身心功能狀況「良好」者的比例，都比民國九十八年少很多。貧富差距拉大，老年人激增，各種可用資源被稀釋，都可能是原因。在可以預見的未來，不僅「萬壽無疆」仍然是世人遙不可及的夢想，而且長壽與生命品質的輕重權衡，將會是越來越嚴峻的議題。

8-3 生命品質與長度的拉鋸

伊曼紐爾醫師[12]是美國賓州大學主管腫瘤及生物倫理的教授，曾任職歐巴馬政府，當醫療顧問。他在二〇一五年，也是他五十八歲時，在《大西洋雜誌》發表一篇非常聳人聽聞，連家人都無法諒解的文章，題目就叫「爲什麼我希望七十五歲時離開人世：如果老天飛快地解決這個過程，社會、家庭都會少一點爭議，你我都會好過一點。」[13]

一個五十八歲，身體硬朗，離婚但好端端地活著，事業成功又擁有三個傑出女兒的人，卻爲文自我設定生命的期限，一時間讓大家傻眼，以爲他那根神經不對勁。仔細看文章的內容，發現他主張好死勝過七十五歲以上還苟活，基於幾個理由：

（一）他承認死了一了百了，再好的東西也無法享用；但是，活得太久，就算沒有一身是病，也是日漸孱弱，讓人看到的不是充滿活力又事事可以參一腳的人，而是無用的、口齒不清的、楚楚可憐的人。

（二）他認爲到七十五歲時，孩子都已經長大，也成家立業，還有機會看到成長中的孫子。

（三）在一九〇〇年時，美國人的平均壽命是四十七歲；一九三〇年時，是五十九歲；一九六〇年時，是六十九歲；一九九〇年時，是七十五歲，在他活的當下（二〇一五年），平均壽命可以到七十九歲，只比他期望的多四歲。

很重要的是，他引用南加州大學愛琳・克里門斯[14]的研究報告，發現在一九九八年，八十歲以上的人有百分之二十六手腳運動有障礙，但是到二〇〇六年，八十歲以上手腳運動有障礙的人不減，反而增加到百分之四十二。這數據顯示高齡人口的確增加，但是增加的不是健康狀況良好的人，而是不良於行的人，拜醫藥科技進步之賜，苟延殘喘下來。此外，從二〇〇〇年到二〇一〇年十年之間，美國死於中風的人，雖然減少百分之二十，但是活下來的人，不是半身痲痺，就是口齒不清，動作或語言表達有問題。不只中風如此，很多其他疾病存活下來的人，也是如此。因此，他決定一旦活到七十五歲以後，不再繼續做大腸鏡或攝護腺（前列腺）表面抗原等檢查。這決不意謂他想積極尋死，相反地，這只是表示他不想浪費醫療資源，去無謂地延長壽命。

這篇長文，說白了，就是重視活的品質，遠勝過生命的長度。這樣的見解，當然會招來反對的聲浪。有一位神經外科醫師瑪歌・法里雅[15]就爲文公然挑戰他的看法，法里雅醫師認爲只要仍然活躍，能動腦筋，年齡就不必設限。何況有慢性病的人，有追求最好醫療的權利。旁人看到會心生同情，重病纏身的人，也有一部分想爲了一口氣而活。

人口結構迅速老化的今天，以及可以預見的未來歲月，這樣的論戰，還會長遠、持續地存在。美國大文豪馬克・吐溫曾經講過一句名言：「年齡是心態凌駕存在與否的問題；如果你不在意，它就不存在。」[16]問題是沒有人可以不在意它，也沒有人可以否定它的存在。

8-4

老年人生活品質與幸福感

老年人的生活品質，如何定義，還眞的不容易。一九九七年世界衛生組織定義生活品質[17]爲「個人在其生活所在地的文化及價値系統裡，參照眾人的目標、期望、標準及關心的事物，所產生的自己生命的定位。」[18]從這定義，可以想見生活品質的好壞，非常受到風土人情及時代變遷的影響，老年人自然地也不例外。在我們小時候，只要有得住，有飯吃，穿得暖，子女孝順，至少三代以上同堂，就是中老年人莫大的幸福。如果能子孝孫賢，甚至五世其昌，那就更棒！

在那個年代，好端端一個人，往往一場大病就足以送命，但是鮮少人怪罪醫藥落後有以致之，都歸咎於命數。長壽是福氣，也是個人的造化。由於交通工具不發達，年輕人想跋涉千里都不容易，上了年紀的人更是安土重遷，極少旅遊，也沒有幾個人把它當作幸福的指標。

相反地，現代人多擁有小家庭，子女長大後，多有自己的家庭與事業，也大多不在父母的身邊。有老伴共渡晚年已是萬幸，三代以上同堂是奢望。雖然在本章第一節曾說到

「能與家人團圓和樂的生活」，是僅次於身體健康之外，營造老年人幸福感的第二重要元素，卻是多數人不一定能達成的期望。（圖8.1）只好退而再求其次「過與自己興趣相符的生活」、「有良好居住環境的生活」及「經常外出旅遊的生活」[2]。

當然，這些幸福感元素或成分的比重多寡，因人而異。老年人生活品質的定義，也可以非常複雜，如盧瑞芬教授於二〇〇二年[19]引進威爾[20]於一九九二年製定的「SF-36量表」，共有三十六項，主要根據健康狀況評核。粗分爲八類：

（一）因健康狀況限制身體活動

（二）因身體或情緒問題限制社會活動

（三）因健康因素限制其展現應有的身份地位

（四）疼痛

（五）心神若定或心神不寧

（六）因情緒影響其日常生活中應有的角色

（七）活力

（八）對健康狀況的認知

除了健康相關生活品質，其他常用來測量老年人生活品質的工具，還包括多層面整體生活品質及單題整體生活品質測量。[21]

俗語說「人心難測水難量」，現今測量老年人生活品質的工具，多無法丈量老人主觀的認定，也缺乏他們對個人生活品質的判斷。[21]很有意思的是，一篇發表在一九九五年的老舊文章，恰好可以補這一方面的不足。[22]作者研究的對象，包括英國大倫敦地區哈克尼倫敦自治市[23]八十五歲以上，以及六十五至八十五歲的老人，和埃塞克斯郡[24]六十五至八十五歲的老人。作者直接問他們五個問題：

一．您怎麼看待自己的生活品質？爲什麼這樣說？
二．什麼事讓您感到生活有品質？
三．什麼事會剝奪您的生活品質？
四．什麼事會讓您感到生活品質更好？
五．什麼事會讓您感到生活品質更爛？

結果不令人感到意外，六十五至八十五歲的老人，對生活品質持負面看法的，無論在那一個地區，都在百分之六，但到八十五歲以上，這比例劇升到百分之二十六。對生活品質持正面看法的老人，能否和他人互動、身體管不管用以及物質環境好不好，是三個令他們關心的關鍵因素。對生活品質持負面看法的老人，無助、失能及疾病纏身，是罪魁禍首；其次是不快樂，甚至於感到悲慘；再其次是老化、無法回到年輕時候的恐懼；最後才是能否和他人互動，以及外在的物質環境。

可以讓生活品質更好的元素，首推與家人團圓和樂的生活，其次是和他人互動、身體管用，最後才是物質環境的改進。當然，讓生活品質更爛的因素，可以想見是喪偶或失去家庭的關懷，身體動彈不得以及老病纏身，沒有收入了。[22]

綜合這些報告，可見人同此心，中外皆然。有兩人以上共同生活的家庭，仍然是老年人生活品質的核心，其次是身體能夠動，而且可以和他人互動。當然，有積蓄、有良好的生活環境，品質會更好。如先前所言，現代人多擁有小家庭，很多時候，老夫、老妻共同生活，萬一有一個先走了，對仍然倖存的人，將是非常嚴峻的打擊。何況未婚的人逐漸增多，未來老化時，如何發揮「老吾老以及人之老」的精神，和衷共濟，共同在一起面對晚年，將是下一章最迫切需要探討的議題。

8-5 長日將盡 壽終正寢？

《長日將盡》[25]是日裔英國小說家石黑一雄[26]於一九八九年出版的作品，石黑一雄因此作品及其他名著，獲得二〇一七年諾貝爾文學獎。此小說於一九九三年改編爲同名的英國劇情片，由詹姆斯·艾弗利執導，安東尼·霍普金斯及艾瑪·湯普遜等主演，以一九三〇年至五〇年代的英格蘭爲背景，描述貴族家庭男管家與女管家之間的感情，藉此帶出英國在二次世界大戰前後的轉變，也是大英帝國貴族階級沒落的一首輓歌。如同名字所示，再好的時光，也有落幕的時候。上了年紀的人，再長的日子，也會終結在夜幕低垂時。

在那一刻來臨時，面對死神，人們最希望無聲無息、毫無痛苦地離開人世。於是在訃聞裡，不管這個人怎麼死，我們看到的，幾乎千篇一律冠上「壽終正寢」四個字，以彰顯這個人時辰到了，也以「好死」收場。如第二節所言，長壽的定義因時代不同，會有相當地出入。「壽終」如果指的是長壽的人，在自然狀態下，走向生命的終點，大概是最沒有爭議的。如果死者還年輕，某種疾病迫使他不得不提早離開，但是也比同樣疾病的人，又多活一段時間，也自認最美好的一仗，他都打過了，則「壽終正寢」，當之無愧。

至於「好死」不「好死」，怎麼認定？一般而言，沒有外力介入，包括車禍、溺水等意外、中毒、自殺或他殺等，非自然因素造成的死亡，而是源自於疾病或內在器官失能，所造成的自然死亡，都比較趨近於「好死」。[27]爲什麼自然死亡只能算趨近於「好死」？原因在某些疾病如癌症末期，造成的痛苦，更甚於非自然因素造成的死亡。於是，不時看到癌症末期病人選擇自殺，了結痛苦。沒有痛苦的自然死亡，當然就是「好死」。

醫學泰斗威廉・奧斯勒[28]曾經講過：「肺炎可以算是老年人的朋友，它用急性、短暫、比較少一點痛苦的方式，奪走老人的命，讓他們逃過老化、衰敗帶來的漫長的折磨。」[13]各位應該知道，在威廉・奧斯勒行醫的年代，肺炎多是無藥可醫的。可以奪命的急性病如肺炎，對於上了年紀的人，自然地是比較「優渥」的死亡選擇，但是對年輕人，就是可怕的殺手。

時代進步了，肺炎大多有藥可醫，但是曾排名衛生署於民國四十一年首次發佈台灣前十大死因第二名的肺炎，於二〇〇五年仍排名在十大死因第三名。它也是唯一和感染扯上關係，但不一定是病菌或病毒直接傳染造成的死因。它不會消失的原因，主要人口老化，多重疾病的人增多，負責換氣並和體外各種感染原接觸的肺，也一樣老態龍鍾，並沉積過量的廢棄物，功能無法充分發揮下，一旦發炎，又缺乏身體其他器官系統適時、有效的奧援，只好豎白旗投降了。

一般人認爲老死，也是一種死法，其實是不對的。因爲單單老不足以構成死亡的要件，而是老化過程中呑嚥障礙造成嗆到及呼吸道阻塞或吸入性肺炎，或者是腦溢血、心肌梗塞等無形殺手逞兇，才是老年人常見的直接死因。這樣的死法也算是「好死」，反正一下子就走了，就算有痛苦，也是非常短暫的。

生死有命，富貴在天。再長的日子，也要面臨黑夜的降臨。雖然地球上有些地方有永晝的時候，但是有永晝的地方，就有永夜。期望長生不老，生命像永晝一般永遠光亮，是非常不切實際的。倒是那一刻來臨時，希望人人都可以「壽終正寢」！

｜**圖8-1**

筆者母親（右）於2017.05.01母親節前，到南投中興新村拜訪方武忠醫師母親（左），兩位年近一百（方伯母）及九十高齡的耆老相見歡。筆者母親大病初癒，又常年曝露在陽光下，從事粗重的工作，比大她九歲的方伯母留下更深的歲月的鑿痕。不過，兩老都有子女隨侍在側，也是她們深感幸福、快樂的原因。

參考文獻

1. 魏怡嘉／台北報導：「103歲沒看過醫生 老康健」，2017.04.17日：04：10《中國時報》。
2. 衛生福利統計專區：「102 年老人狀況調查」，資料來源：衛生福利部建檔日期：103.01.23：更新時間：106.05.16
3. Khaje-Bishak Y, et al：Assessing the Quality of Life in Elderly People and Related Factors in Tabriz, Iran, Journal of Caring Sciences, 2014, 3（4）, 257-263.
4. Dēborah Santana Pereira, et al：Quality of life and the health status of elderly persons：a population-based study in the central sertão of Cearā, Rev. Bras. Geriatr. Gerontol., Rio de Janeiro, 2015; 18（4）：893-908.
5. Imanishi M, et al：Quality of life in elderly people at the start of using in-home care, SpringerPlus（2015）4：381.
6. Canudas-Romo V：Three measures of longevity：time trends and record values. Demography. 2010 May;47（2）：299-312.
7. Life expectancy

8. Wikipedia：Longevity, last edited on 11 August 2017, at 22：58. https：//en.wikipedia.org/wiki/Longevity.
9. 黃國樑：「內政部：105年國人平均餘命80歲」，2017.09.20，23：02《聯合報》。
10. 江東亮：「國家愈有錢，人民愈健康？」，2014.09.23，14：23：02聯合新聞網。
11. Dong X,et al： Evidence for a limit to human lifespan. Nature.2016 Oct 13;538（7624）：257-259.
12. Ezekiel Jonathan Emanuel
13. Emanuel EJ. "Why I hope to die at 75：An argument that society and families - and you - will be better off if nature takes its course swiftly and promptly". The Atlantic, October 2014 issue.
14. Eileen Crimmins
15. Faria MA. "Bioethics and why I hope to live beyond age 75 attaining wisdom!： A rebuttal to Dr. Ezekiel Emanuel´s 75 age limit.". Surg Neurol Int 2015;6：35.
16. "Age is an issue of mind over matter. If you don’t mind, it doesn’t matter." by Mark Twain.
17. Quality of Life
18. "Individuals" perception of their position in life in the context of the culture and value systems in

which they live and in relation to their goals, expectations, standards and concerns.” adopted from the Division of Mental Health and Prevention of Substance Abuse, World Health Organization：Measuring Quality of Life, The World Health Organization Quality of Life Instruments,（THE WHOQOL-100 AND THE WHOQOL-BREF）,1997.
19. 盧瑞芬、曾旭民、蔡益堅：「國人生活品質評量（I）：SF-36台灣版的發展及心理計量特質分析」，《台灣衛誌》2002; 22：501-11。
20. Ware JE Jr, Sherbourne CD：The MOS 36-item short-form health survey（SF-36）. I. Conceptual framework and item selection. Med Care. 1992 Jun;30（6）：473-83.
21. 李月萍、黃惠子：「老年生活品質概念與測量應用」，《臺灣老年醫學暨老年學》雜誌 2014：9（3）：57-67。
22. Farquhar M：Elderly people's definitions of quality of life. Soc. Sci. Med. Vol. 41, No. 10, pp. 1439-1446, 1995.
23. Hackney, London
24. Essex
25.「The Remains of The Day」，本文參考維基百科：「長日將盡」，本頁面最後修訂於

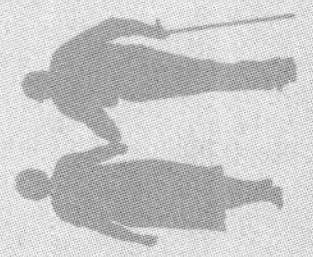

2015.12.11, 10:20。

26. Kazuo Ishiguro

27. "Death by natural causes", 本文參考Wikipedia:「Death by natural causes」- This page was last edited on 9 June 2017, at 22:41.

28. William Osler

第九章

和衷共濟　宛如赤子

9-1 這是最好的時代，也是最壞的時代

英國著名作家狄更斯[1]在其名著《雙城記》有一句名言：「這是最好的時代，也是最壞的時代」[2]戰後嬰兒潮出生的我們這一代，享受超過一甲子承平的歲月，從未經歷戰火的洗禮，也從未嘗到顛沛流離的痛苦。不管幸或不幸，我們又一起經驗醫藥科技的突飛猛進，只要沒有遭逢意外或惡疾，提早離開人世，這一大票人還要經歷「高齡化社會」，接著很快地走進「高齡社會」，如果有幸活到二〇二六年，我們還有可能躬逢「超高齡社會」。[3]屆時老人滿街走，成爲年輕人的噩夢，也當然是不怎麼受歡迎的一個族群！

根據世界衛生組織的定義，六十五歲以上老年人口占總人口比例達到7%時，稱爲「高齡化社會」，達到百分之十四是「高齡社會」，若達百分之二十則稱爲「超高齡社會」。台灣在一九九三年就已經成爲高齡化社會。到了二〇一七年五月止，台灣老年人口約占總人口的一三．四九%，已逼近高齡社會門檻。國民健康局估計到了二〇二六年，六十五歲以上人口會占總人口百分之二十，台灣將進入「超高齡社會」，每五人當中就有一位老人，的確是令人感覺相當突兀的景象。[3、4、5]

人口老化是舉世普遍的現象，只是台灣在全球老化浪潮中，進展速度驚人。歐美先進國家從「高齡化社會」跨進「高齡社會」，需要五十年或更久，台灣卻只花了二十四年，人口結構的急遽改變，是最重要的原因。台灣人口主力是一九四六年至一九六四年出生的「戰後嬰兒潮」，當時一個家庭養育六、七個孩子很常見，讓人口結構年輕化。但是到二〇一〇年，台灣生育率降到貼近百分之一，幾乎是全球最低。[4]內政部二〇一七年三月公布最新人口統計，顯示我國六十五歲以上老人人口已經超過十四歲以下幼年人口，老化指數因此首度破百，達到一〇〇・一八，到今年五月底，狀況持續惡化，老化指數攀升到一〇一・七一。[5]

急速增加的老人人口，雖不至於成為過街老鼠，到人人嫌惡的程度，但是足以構成我們這一代的老年人，人人自危。影響所及，還壓迫下一代人的生存發展空間，想來還挺恐怖。在農業時代，多數人生活在大家庭裡，年紀大了，身體不行了，就很自然地進入有事子孫服其勞的境界。扶老攜幼，含飴弄孫，彷彿是天經地義的事。

筆者出生在一九五〇年，有統計在一九五一年至一九七一年間，台灣高齡人口的「依賴比」約在百分之五，意指每二十位工作年齡人口共同扶養一位老人。[3]物以稀為貴，人也不例外，當老年人口少的時候，耄耋之年的老人，自然是個寶。東漢曹操曾作《對酒歌》，其末了一句是：「人耄耋，皆得以壽終，恩澤廣及草木昆蟲。」曹操那個年代，能活到耄耋之齡的人，相當稀罕珍貴，「恩澤廣及草木昆蟲」，雖然是他獨特的見解，不過，也讓高齡老人聽來相當受用。

往事只能成追憶，我們還是要面對殘酷的現實。二〇〇七年七月，台灣高齡人口的「依賴比」已升到百分之十四，也就是每七．一位工作人口扶養一位老人。依此速度估計，到二〇二六年，台灣將變成每3.3人就需扶養一位老人，到二〇五一年，更將變成每一．五個工作人口扶養一位老人。[3]如果這推算是正確的，未來的老年人，如果不想成爲社會的寄生蟲，等著被奉養，我們可以選擇的路，可能越來越狹窄。如果不想成爲第六章提到的貓頭鷹，就可能要考慮成爲《楢山節考》故事中的阿玲婆婆！雖然聽起來很不可思議，也很悲壯，但是，想一想政府積極推動長照2.0的美意，在越來越粥少僧多的社會，絕對會打折扣。當不事生產的人越來越多，財源越來越是問題時，期待政府伸出三頭六臂幫忙，應該是緣木求魚。

9-2

老有所終：準備好才能善終

人畢竟是能不斷地檢討改進的物種，也是少數懂得扶老攜幼的動物。達賴喇嘛在其大作《逆境中更易尋快樂：達賴喇嘛的生活智慧》中提到：「當還是小孩時，我們得依賴父母的慈愛存活。等到年老了，我們又得再一次依靠別人的仁慈。在孩童時代和老年的中間，我們錯誤地認爲我們是獨立的，但事實上並不是如此。……我們生來就自然要相互依賴，既然要生活在一起，我們應該以正面的態度關懷彼此。」[6]

其實，相互依賴，一起關懷、共同幫助周遭的人，在兩千五百年前，孔子生活的時代，就提出這個看法。在《禮記》第九章禮運篇中，孔子說：「大道之行也，天下爲公。選賢與能，講信脩（修）睦，故人不獨親其親，不獨子其子，使老有所終，壯有所用，幼有所長，矜（鰥）寡孤獨廢疾者，皆有所養。」其中，不獨親其親，不獨子其子，就充分體現互助合作，同心協力、同舟共濟的積極作爲。其最終目標，是讓矜寡孤獨廢疾者，都能接受到充分的照顧。

達賴喇嘛說得對，在我們年輕力壯的時候，多數人可以自食其力，不必仰仗他人，很容易導致一個錯誤的想法，以爲可以獨立自主過一輩子。直到有一天，年事已高，體力、記憶樣樣不行，一時間也死不了，就認了，開始勞駕他人照護。於是，「老吾老以及人之老，幼吾幼以及人之幼」這句出自孟子的話，成爲普天之下，扶老攜幼的名言，也是老年人不必羞於被人照顧的護身符。

雖然被人照顧，好像是老年人的權利，但是，想倚老賣老，絲毫不做任何準備，就等著被奉養，很可能會陷入「天下沒有白吃的午餐」的漩渦中。全球沒有幾個國家可以不受老年人潮的影響，人口老化最快的台灣，老人安養相關政策，才剛起步，預期財源籌措要打問號，很多安養院讓老人無法安養。從二〇一二年十月二十三日台南市署立新營醫院北門分院，因住院中的一名癌末病人心情不好，半夜在院內縱火，造成二樓護理之家十三名老人被濃煙嗆死、五十五人受傷慘劇開始，到二〇一七年三月十日清晨，桃園市龍潭區龍元路上，一間安養中心發生火警爲止，五年之間有五間安養中心大火，奪去二十三人命，也造成上百人被濃煙嗆傷。[7]

安養院無法讓老人安養，只是老年人會面臨的眾多問題之一。政府當然知道老人問題一籮筐，民國一〇六年一月二十六日公布的「長期照顧服務法」，就是希望長期照顧老人有法律依據，也期盼老人可以安心地養老。但是，此法自公布後二年才會施行，緩不濟急不用說，杯水車薪，還妄想博施濟眾，才是眞正問題之所在。由於政府財源有限，只能另設基金籌措資金來源，主要靠遺產稅及贈與稅，以及菸酒稅菸品應徵稅調增來支應。一旦有錢人減少，或避稅得法，加上愛惜生命的癮君子增加，錢的來源就大有問題。一項充滿仁慈色彩的措施，其財源居然建立在他人死後的遺惠，或有害健康的行爲上，實在有夠諷刺。

已經進入老年的人，不管有錢沒錢，都要積極面對老、病、死的連鎖問題。後兩者在先前的章節已經詳述過，唯獨老了卻還活著，又不想過一天算一天，時候到了才任人擺布，就要事前有盤算，及早有積極的準備。自己口袋有多少錢可以用，是決定餘生要怎麼過的關鍵因素，在第五章已經詳述過，此地仍不厭其煩地贅述，因爲它是我們能不能善終的重要因素，也是未進入老年的青壯族，可以及早未雨綢繆，讓晚年好過的元素。

其次從長輩長壽與否，以及是否失智等等遺傳攸關因素，可以預估自己還可以活多久，是否直到臨終一刻，頭腦還清楚。不事生產的老人，活的越長，花費自然越多。諷刺的是，頭腦越不清楚的老人，錢用的也越兇，後面的章節會詳加說明。所以要老有所終，尤其想善終的人，需要考慮的元素很多。誤以爲子女可以託付終身的老人，應該越來越少。相反地，自力更生的人，應該越來越多。一般人不能妄想未來會有天上掉下來的禮物，爲自己送終。有備無患，直到嚥下最後一口氣，都還是眞理。

9-3 榮民之家和養生村

老了有地方可以住，是「老有所終」第一個要克服的問題。在一般民眾還沒有意識到年老了，沒有人扶養怎麼辦的時候，跟隨國民黨軍隊撤退來台灣的軍人，是第一批受到政府眷顧的人。民國四十一年政府開始辦理士兵除役，鑑於一部分年老體弱或殘障人士，無力自謀生計，必須予以救濟安置，所以從民國四十二起於新竹、臺南、屏東、花蓮等縣設立「榮譽國民之家」四所，每家收容一千人，集體養護管理，名之爲「榮譽國民」，「榮民之家」自此成爲台灣第一個大規模安置上了年紀的人的安養機構。[8]

在第一章提到張排長在榮民之家終老的故事，不僅突顯葉落歸根的問題，更彰顯榮民之家在照顧年老榮民的巨大貢獻。張排長在民國一〇四年四月過世，在去世前，大姊和我不時去位於三峽的臺北榮民之家去探望他，也看得出來他相當滿意榮民之家的照顧。（圖9.1及9.2）算一算從他民國三十八年抵達台灣，到他離開人間，在台灣過了一甲子又五年的歲月。像他那一代的老榮民，大多陸續凋零，雖然新的一代榮民，仍會善加利用榮民之家，但是，已經擴充爲十六所、遍佈全台的榮民之家，不僅足敷榮民的需要，在衛福部推動長照2.0政策之後，還有餘力提供民眾自費入住。以桃園市八德榮家爲例，就可能釋出四百一十三床。根據退輔會主委李翔宙二〇一七年五月在立法院外交國防委員會的報告，各地榮家可以提供總床位爲百分之五，讓一般民眾自費入住。[9]數量雖然不大，也是美事一樁。

事實上從二〇一七年二月中起，台北、新竹、雲林、白河、佳里、台南、岡山、花蓮、馬蘭、八德、中彰等十一所榮家有餘裕的床位，就已經陸續開放給一般民眾想要住榮家者入住，收費標準比照一般自費榮民。榮民之家所提供的機構服務分爲三種，分別是安養、養護，及失智照護。安養者的條件爲65歲以上，可自理日常生活之長輩，其費用爲一萬二千元／月（含伙食費）。養護者的條件爲六十五歲以上，無法自理日常生活，需他人照顧，或需鼻胃管及導尿管護理之長輩，其費用爲二萬二千元／月（含伙食費）。失智照護者的條件爲六十五歲以上，經醫師診斷爲中度失智症以上，且生活可自理之長輩，其費用爲三萬二千元/月（含伙食費），這些費用，係參考二〇一七年兩篇文章所提的寫下，有可能會隨時調整。[10、11]

榮民之家收費合理，照顧老人也有一定水平，根據二〇一五年的一篇報導，曾任國科會主委的夏漢民及其夫人，也很高興能住進榮家養老。[12]無論榮民之家或其他安養機構，收費的高低，和疾病嚴重度以及須要照顧的強度成正比。也一如我前一節所說的，像失智症這般頭腦越不清楚的老人，照顧所須要的人力物力越高，花費自然越多。除了花錢，對照顧者而言，許多失智長輩成爲長庚紀念醫院桃園分院名譽院長黃美涓所說的「磨人的漫長告別」。[13]

養生村的崛起，首先要歸功於有經營之神美譽的王永慶先生，繼創辦平民化的長庚醫院之後，想繼續造福即將邁入老年的一般民眾，年紀大了，有地方可以養老，不用依靠子女，對單身或鰥寡孤獨者，也格外重要。王創辦人做事的格局，就是和一般人不同。年紀大了，不僅面臨「鰥寡孤獨」，也面臨「廢疾」，所以率先於一九九二年九月在衛生署許可下，於桃園縣龜山鄉設立「復健分院」，辦理長期醫療照護；繼而在一九九六年二月，向衛生署醫審會申請通過護理之家一千床，專司照顧痴呆老人、植物人、須安寧照護及日間照護的病人；最後，在二〇〇三年四月變更林口特定區計劃，將部分醫療專用區改爲養生文化村專用區，並於二〇〇五年元月養生文化村A棟正式對外開放營運，也完成老人照護的一貫作業。

創業維艱，不僅表現在整個以老人照護爲中心的專區規劃流程上，也表現在養生文化村開始營運後的前十年。雖然大家都說銀髮商機相當龐大，不過國人對於家中長者住在養生村、銀髮宅的觀念，一直到現在都還相當保守，遑論二〇〇五年。如戴興業所言，怕「左鄰右舍會說，這是小孩不孝，不想侍奉父母」。也因此養生村開幕十二年啟用第一棟七百戶大樓，也是直到最近住房率才達到九成。但是對啟用的第二棟大樓，雖然戶數高達一千三百戶，但是養生村十分有信心認爲無須再花十二年才能住滿。[14]

長庚養生村的收費在中上。社區提供一房一廳（十三～十五・八坪）與一房兩廳（二十～二十三・六坪）兩種規格，並規劃成單人房與雙人房。其中一房一廳又因A、C棟，大小有些微差別。住宿費含住宿、健康照護、緊急救護、公共設施維護等費用。一房一廳收費單人月租金爲一萬九千元至二萬三千元；雙人每月另加收五千元；一房兩廳單人月租金爲爲二萬八千元至三萬一千五百元，雙人每月也另加收五千元。若加計每月膳食費用四千五百～五千元、水電費一千元，等於最低每人每月花二萬五千元就可以入住。入住時要繳交保證金一房一廳：單人二十五萬元，雙人三十萬元；一房二廳：單人三十四萬元，雙人四十萬元，退住時無息退還。即使條件相當寬鬆，仍有六成比重來自於軍公教退休族群，或是年輕時在海外打拚，老了想回台養老的族群。總戶數中有高達六成爲單身者。[14]

雖然第一批入住的長者，包括名滿國際文壇的台大外文系退休榮譽教授齊邦媛老師，把養生小屋打造成山巒書房，埋首筆耕，在五年內完成轟動文壇的鉅著《巨流河》[15]。目前也不乏其他知名人士，撐起長庚養生村的名氣，惟誠如黃美涓所言（圖9.3），長庚養生村要達成王創辦人當初心願，希望改變台灣人「在家養老」的作法，融入歐美流行的「在最適當的地方養老」的文化[16]，顯然還有一段路要走。

只要有錢，身體還好，養老不愁沒有地方。潤泰集團推出的兩處五星級銀髮飯店住宅，分別位於台北縣淡水鎮的「潤福生活新象」以及位於台北縣新店的「潤福大台北華城」。其中「潤福生活新象」於一九九六年推出時就滿租，也開啟國內頂級銀髮住宅之風。潤福大台北華城標榜新世代三代同堂銀髮住宅。[17]「潤福生活新象」收費押租金按每戶坪數大小，從新台幣六百五十萬到一千三百八十萬元不等。每月生活費（含管理、水電、伙食費），單人約兩萬三千多元，兩人居住約四萬一千多元。

此外，有些教會、醫院，甚至於禮儀公司，也搶進這塊領域，其中比較出色的例子，爲雙連教會設立在台北縣三芝鄉之雙連安養中心，佔地一萬一千坪，提供家事服務、專業營養師調配的膳食、護理照顧及必要之緊急醫療救助。[17]入住時每人收取二個月安養費當押金，安養費每月二萬八千元。還須一次繳足急重病儲備保證金每人新台幣十萬元。後者用於進住者之急、重病就醫及診治看護費用不足時先行抵用。該機構強調持有政府發給之低收入戶證明者免繳費用。上述這些費用，係作者撰文時參考當時機構訂定的標準所寫下，有可能會隨時調整。

縱觀上述安養機構，大多無法做到國人偏好的「在地老化」的重要原則。至於「充足」、「可負擔」與「可近性」[18]的長照服務，仍然是多數老人可望，但不一定可及的夢想。長照服務的負責機構，也疊床架屋，在社政體系裡有安養或養護機構，在衛政體系裡有護理之家，而在退輔體系有榮民之家。[19]至於服務方式，包含「居家式」、「社區式」、「機構住宿式」及「綜合式」，要老人篩選最適合自己的方式，顯然仍有困難。最卡關的問題，仍然是錢。夠水準、平民化、絕大多數人都負擔得起的安養機構，目前仍然像空中樓閣，有待改善。

9-4

和衷共濟，擺脫三等公民的迷思

照顧長輩，曾經是、現在也還是天經地義的事，但是面對即將邁入的「超高齡社會」，身爲經濟骨幹的輕壯年人，有無餘力照顧占五分之一以上人口的老人，殆有疑慮。「老吾老以及人之老」不能全然寄託下一代，也無法寄望政府可以包辦。以前的人，可以養兒防老，我們這一代的人，必須自籌經費養老。除非是榮民或低收入戶，另有機構安置，一般人安身立命的地方，需要及早定位。

有積蓄、有房子，又喜歡在家養老的人，大可請本地或外籍看護照顧，缺點是照顧的品質極度依賴聘僱的看護，後者幾年一聘，人員流動比率高，身爲雇主的老人，常常要遷就受雇的看護，品質比較沒有保障。至於「機構住宿式」的安養，前面一節已經就其中較具聲譽的，詳加說明，當然還有很多沒有提到的機構。整體而言，這些機構，短時間內，仍然是長照服務的主力，其特點在於集中管理，品質比較有保障。其缺點，前面已經講過，主要無法「在地老化」，而且花費和提供的服務也有相當關係，所以在選擇前，需要好好做功課。

「社區式」或「綜合式」安養，目前雖然還不時興，但卻是未來「在地老化」的主角。很有趣的是，台灣百貨業的興起，始於像三商百貨這樣遍佈各鄉鎮市的中型百貨公司，繼之被大型百貨公司所取代，後者的許多業務，現在又被觸角伸入街角社區的便利商店所取代。所以，就「在地老化」，以及「充足」、「可負擔」與「可近性」的長照服務而言，目前「機構住宿式」大型安養中心，就像目前的大型百貨公司，未來恐怕會面臨遍佈各社區的「綜合式」安養便利會所的競爭。就如同曾經遍佈各地的幼稚園，在出生率最高時，炙手可熱。在趨近「超高齡社會」的今天，能掌握在地老化商機的業者，就像曾經炙手可熱的幼稚園，未來必定可以嶄露頭角。

目前位於台中逢甲生活圈的「有本生活坊」，由社工系畢業、也擔任過照服員的李依仁主持，提供一站式社區照顧平台，還能黏住上了年紀的咖啡鐵粉，營運四個月就已經接近損益兩平，正是具體而微地呈現在這一股不可逆的長照浪潮，能識時務者必爲俊傑。[20]

除了本來就有錢的人，以及薪資高的軍公教退休族群，老了不愁手頭拮据，一般人平時就很辛苦賺錢度日，老了一樣地不輕鬆。養老的同時，也要掙錢過日子。老年人的經驗充足，是其優勢，相對地，眼睛耳朵較不靈光，手腳較不伶俐，職災意外發生的頻率也跟著變高。根據日本厚生勞動省「針對高齡勞工的職場改善手冊」，二十幾歲的勞動災害發生率，一千名勞工中大約有二・〇人，六十幾歲則是三・六人，高達前者的一・八倍。[21]

筆者雖乏台灣的數據，但可以大膽預測，應該和日本相去不遠。所以，對於投入職場的老人，仍須非常小心自身安危。

根據衛生福利部一〇二年「老人狀況調查報告」[22]，最讓六十五歲以上老人期望的是身體健康、與家人團圓和樂地生活，以及經濟來源無虞等三大要素。是否能與家人團圓和樂地生活，已經不是多數老年人能主控的元素，但是身體要養好、錢要夠用到終老，卻是所有老人能安心養老的首要管控因素，其次是心理以及靈性生活的問題。

安養固然要先「安身」，也要能「安心」。「安身」這一關不一定好過，「安心」那一關可能更難。根據衛福部一〇二年的調查報告[22]，六十五歲以上老人只有百分之十三能過與自己興趣相符的生活，也只有百分之四經常參加宗教修行活動。前者代表的意義是，每五位六十五歲以上的老人，至少有四位過著與自己興趣不相符合的生活。這比例相當驚人，顯示多數老年人沒能掌握生活的目標與旨趣，或迷失在老化的沙漠或叢林裡。後者代表積極參加宗教活動的老年人比例很低，有的可能認為在家裡拜拜，祭祀觀世音菩薩、媽祖或祖先，求一下心安就好。有的年紀大，足不出戶或廟宇去不了。更多的原因，恐怕值得宗教界的長老或法師深思。

前述調查數據所顯示的現象，和我周遭遇到的老人的日常生活相若，也相當程度地呼應我在第二章所關注的問題。以信仰比例最高的佛教為例，雖然佛教人間化在台灣做得相當好，有幾個成名的大師在領導，也各擁有爲數不少的信徒，但是講普及性及可近性，仍相當不足。超過兩千年歷史的佛教，若論教義，相當博大精深，但是其經文對一般人而言，多半晦澀難懂。無論法師或一般僧眾，多在人過世等重大事件的場合，被邀請誦經。不像天主教或基督教，在追思禮拜時，引用聖經那一部分內容，清清楚楚，也段落分明，講述經文與詩歌並陳，時間也多控制在一到兩小時內完成。

相反地，法師或一般僧眾誦經時，一般人不僅弄不清楚內容，也被冗長單調的誦經方式所困惑，時間更難事前掌握，多想早一點解脫爲快。平時沒事，也鮮少有長輩想到寺廟聽師父講佛經，這和天主教或基督教教徒，假日主動上教堂，很不一樣。除了教堂遍佈各地，可近性高，其簡單易懂的聖經，也讓教徒容易接納。

一般人無法融入天主教或基督教，主要在《聖經》內容所說的，多是耶穌那個年代，中東地區發生的故事，無論時間、空間，離開我們熟悉的生活環境，較爲久遠，其人物之間發生的事，也較無切身感。當然，《聖經》上記錄耶穌說的：「因爲我來是叫人與父親生疏，女兒與母親生疏，媳婦與婆婆生疏；人的仇敵就是自己家裡的人；愛父母過於愛我的，不配作我的門徒；愛兒女過於愛我的，不配作我的門徒」（馬太福音第十章第三十五至三十七節），也都和我們的傳統禮教，相去很遠。而佛教融入我們的文化，與道教、儒家思想，融爲一體，並深植一般人心目中。唯一欠缺的，恐怕在融合儒家、道教，適合現代社會又簡明易懂的佛經內容，以及遍佈各地，可近性高又具有相當水平的講經所及講師。當然，就性靈層次而言，宗教信仰就像音樂或美術，主觀成份居多，最終仍以個人能否心悅誠服地接受爲主要考量。

從我年屆九十的母親，以及接觸到的許多高齡長輩，可以發現越是年老的長者，其內心深處越是空虛。耳不聰、目不明，或像我母親還目不識丁，無法有效地和人溝通，逐漸導致和社會脈動隔離，加上對傳統念經儀式的排斥，使生活在二十一世紀的耆老，既難以回復兒時農業社會大家庭的和樂，更無人可以指導如何在以年輕人生活爲導向，小家庭又科技掛帥的社會，渡過身、心、靈都充實的餘生。遭戲謔爲「等吃、等睡、等死」的三等公民，實在是環境不變使然，如何導引他們「朝聞道」，可以隨時走而無憾，有待我們集思廣益去改善。

9-5

終極定位：更像戰士的「慈母」

對於大多數人而言，死不是一了百了的事，總有一些未能完成的心願，甚至於深感遺憾的事遺留在身後。能死而無憾，應該是人生最完美的結局。當然，沒有多少人能「蓋棺論定」另外一個人，就算最親近的親人，也難免失之客觀，其論斷恐不容易被其他人認同。不過，有一個人目前還健在，我卻可以清楚畫出她人生的輪廓，而不怕被批判，她就是我的母親。對我而言，她比較不像慈母，而是不折不扣的戰士！

我的母親是傳統客家媳婦，出生在新竹縣湖口鄉長安村的務農人家，家中有三個兄弟六個姊姊共十位手足，排行么女的她，在戰前物資貧困的年代，只讀到小學三年級，就被迫中斷以幫忙家事。一輩子識字有限，也讓她終身引以爲憾。十八歲即憑媒妁之言，嫁到二十多公里外的新竹縣芎林鄉下山村，一樣擁有十個小孩（五男、五女）的務農人家，成爲長媳。先生是排行老三的長子，前面兩個姊姊已經出嫁，一個妹妹從小過戶給人家，其他依序排下來，除了靠近我爸爸年齡的二叔，也很快就結婚，其他兄弟姊妹，多在懵懵懂懂的青少年、小學或幼稚園的年紀。最小的五叔才五歲，常衣不蔽體、無所事事到處亂闖。

剛嫁來時，我的曾祖父還在，身爲大媳婦的母親，面對大戶人家，食指浩繁，吃的、穿的、用的，都要幫忙張羅，勤快的母親，可以鎮日幹活，極爲耐操，很快贏得我祖父的歡心，逢人就稱讚這大媳婦。家裡的事，有時也會找她商量。

從我懂事開始，就發現母親一天到晚忙個不停，尤其採茶期間，雇用很多工人的時候，一大早就要起床煮飯燒菜給家人吃，上午準備點心，挑到兩公里外的茶園給工人補充體力，空的碗盤挑回來清洗，並立即準備午餐及茶水。正午時分，再度挑到兩公里外的茶園給工人用餐。有時下午也有點心，一樣要重複上述動作。如此挑重擔一天來回三次，至少走十公里以上。末了還要準備一家人的晚餐，當然洗衣、買菜，一樣不可少。我們子女，特別是國小畢業即就業的大姊，偶而幫忙分憂解勞。但是粗重的工作，仍然多由母親一肩挑。農忙時節，多在燠熱的春、夏、秋三季，尤其烈日當空的炎夏，眞不曉得母親當年是怎麼熬過來的。

自己識字不多，只好幹粗活、討生活，這樣的血汗與痛苦，母親忍了過來，但是在她能力可及的範圍，她會毫不猶豫地替後輩、晚輩爭取機會，跳脫務農的辛苦格局，務必讓後輩及下一代不要重蹈她的覆轍。這包括爭取我五叔成年後到華夏塑膠公司工作，及結婚前又跳槽到台灣鐵路局吃公家飯。即令大姊國小畢業即就業，她也堅持讓她到工廠上班，而不是跟隨姑姑、阿姨在茶園採茶，在烈日汗流浹背下討生活。母親這種堅忍不拔的信念，貫徹始終，子女看在眼中，自然地了然於胸。多年以後，讀到王永慶在黃德海所著書中，提到一位農婦如此辛勞，所得卻甚微，一切都不是工業落後所造成的惡果嗎？這也令他想起小時候，種茶的父親曾勸他不要以種茶爲業，大概是這個原因吧！[23]

家母兩回遭逢巨變，包括中年喪夫及晚年喪子，都沒有擊潰她的意志。在父親過世的頭兩年，仍承擔茶園的大小事，直到政府徵收耕地，轉變成新竹科學園區後，她才跟著我到台北，幫忙帶兩個可愛的孫女。民國七十五年，又隨我們夫妻搬到高雄定居，把兩位孫女起居就學都安頓好。兩年後，長孫出生，次子遇難，接踵而來，母親一時之間，難以適應這突如其來的巨變。雖然次子的意外往生，讓她痛不欲生，母親仍很快地擦乾眼淚，和褓姆合作無間地把長孫帶好，也和岳父、母攜手同心，幫助我們把孫子女帶大。我和三個姊妹，也自此戰戰兢兢，以免再有任何意外發生，讓母親難以承受。

民國八十四年，我們兩個女兒決定到美國念書，接著兒子也蕭規曹隨，跟著姊姊到美國讀書。英語一竅不通的母親，再次顯現她客家人隨遇而安、堅忍不拔的個性，在我二妹陪伴下，在美國一住將近二十年，就近照顧孫子、女，直到孫女結婚、成家，孫子拿到博士學位，有了固定的工作，才在身體每況愈下之際，告老還鄉。

母親常年忍受溽暑、負重，也不幸付出身體的代價。首先，是下肢靜脈曲張，曾因此發炎導致敗血症及休克，差一點送命。其次，脊椎在多年不堪負荷下，已經壓扁，並影響到下肢知覺，在幾年前一次滑倒後更嚴重，造成晚年神經壓迫引起的嚴重疼痛，甚至於抽搐，極度影響其生活品質。兩個膝蓋骨不堪承受多年的折磨，十多年前就報廢，幸虧本院骨科王俊聞醫師幫忙，成功地置換人工膝關節，讓她可以自由地推著助行車，隨意走動。

每個人生命的際遇，絕對不一樣。對我母親而言，生命不像詩歌那麼優雅，也不是平淡無波的旅程，卻像戰場那般拼著老命、一場接著一場的戰鬥。歷盡滄桑的母親，像打過多場戰爭的老兵，身體各處傷痕累累，造成一般人都難以忍受的病痛，繼續折磨她。母親一生最滿足的時刻，是和孫子女相處的三十多年，最不吝和他人分享的是兒子媳婦和我們姊妹，以及眾多孫輩的成就，不必再重蹈她務農討口飯的辛酸。

身爲她的子女，我們有迴異於一般人的感受，她不是唐朝詩人孟郊「遊子吟」所歌頌的慈母，反而像是生命沙場上少見的戰士。戰績不一定彪炳，卻絕對地光榮！她不是極端的例子，確也算是無愧於這一生，且能終極定位的代表。

9-6 反璞歸真 宛如赤子

老子是道教的元祖，一輩子在講道理，從《道德經》可以發現，最常掛在他嘴邊的，是像嬰兒一般的澄明和初心。例如在第十章，提到「專氣致柔，能如嬰兒乎？」，第二十章提到「沌沌兮，如嬰兒之未孩；」，第二十八章也提到「常德不離，復歸於嬰兒。」這樣一位偉大的哲人，念茲在茲的，不是豐功偉業，而是「專氣致柔」。

很有意思的是，根據《聖經》馬太福音18：3，耶穌說：「我確實地告訴你們：你們如果不回轉，變得像小孩子一樣，絕不能進入天國」。根據《居禮夫人傳》的記述，居禮夫人「在彌留之際，一如在早年默默無聞的歲月中一樣，她仍然是一個優雅、堅強、羞怯，對任何事都懷抱著好奇心的女孩子。」這也是愛因斯坦贊歎她的原因，他說：「在所有名人當中，瑪麗．居禮是唯一沒有給聲譽損毀的人。」[24]

知名導演史蒂芬．史匹柏[25]年過七十歲，但在心靈深處，他始終覺得自己還是個孩子。讀者文摘編輯Osswald問他：「保持赤子之心，對你來說很重要嗎？」史匹柏答得很妙，他說：「兒童的存在就是他們奇妙之處。小孩子分不清對與錯；是非對他們來說並不重要。那段歲月是完完全全的自由，直到大腦開始當家作主，告訴你每件事該怎麼做的那一刻為止。我自己的那個時刻，到現在還記得清清楚楚。」[26]

大哉斯言，因為保持赤子之心，史匹柏可以導演及製作很多部膾炙人口的偉大電影；因為保持赤子之心，居禮夫人可以專心致志於科學研究，成為一代偉人，臨終也毫無所懼。按照耶穌的標準，她也是符合進入天國的人。我相信老子也是始終如一，保持赤子之心的人，讓他的《道德經》，可以歷經兩千五百多年而不衰。

佛教是最能體現赤子之心重要性的宗教，《華嚴經》說：「不忘初心。」這句話連創造蘋果科技帝國的賈伯斯，也念念不忘。賈伯斯曾師事鈴木俊隆禪師，研習佛法及參禪，涉入佛門極深，連結婚時也請另外一位禪師乙川來福證。而鈴木俊隆的大作《禪者的初心》[27]，對賈伯斯的影響極為深遠。[28]

佛教界最負盛名的一句話，莫過於六祖慧能所說：「菩提本無樹，明鏡亦非台，本來無一物，何處惹塵埃。」人一出生著地，就是一件具體的物體，也身不由己地沾惹塵埃，人死後又歸於太虛，等肉身腐敗或火化後，真要回歸無一物的化境。無論菩提或明鏡，在我們生的時候，是和我們一起存在的物體。因此，與慧能同時期的禪宗大師神秀，所提到著名的偈子「時時勤拂拭，勿使惹塵埃」，對維持具象的物體，其實是非常有必要的。但是人一旦走了，還須掛念明鏡惹塵埃嗎？就禪宗的解讀，人從出生到圓寂，應該像嬰兒一般，常保潔淨、澄明之心，自然無塵埃可惹。

就如同史匹柏所說的：「小孩子分不清對與錯；是非對他們來說並不重要，那段歲月是完完全全的自由。」人一輩子庸庸碌碌，到頭來還是應了《紅樓夢》中「好了歌」所言的情境：「世人都曉神仙好，惟有功名忘不了！古今將相在何方？荒塚一堆草沒了。」能終其一生維持赤子之心的人，無論在那一段歲月，都是完完全全的自由。生老病死能坦然以對，又何須掛慮千秋萬世後的事？

荷蘭天主教神父盧雲曾說過一句發人深省的話：「我深信是這種喜樂——與他人共通的喜樂，隸屬於同一個人類大家庭的喜樂——讓我們能安然離世。」[29] 人的可貴，在能和衷共濟。無論有無信仰或歸依那一宗教，我們終究有一天要返璞歸眞，能在人類大家庭中，圓其一生，親身體驗人類文明的演變，欣賞生命的樂章，也是一種福氣！

圖9-1
筆者與張松林伯父2010.03.20合影於三峽榮民之家。

圖9-2
大姐姐夫與張伯父合影，圖中可見張伯父非常滿意輔導會的安排，很安逸地在榮民之家安度餘年。

| **圖9-3**

桃園長庚醫院 黃美涓名譽院長（中）於2015.09.18在高長演講「醫養結合-長庚養生文化村的經驗分享」會後與同仁合影，黃院長的先生關永昌（在她左側）也在場聆聽，共襄盛舉。

參考文獻

1. Charles Dickens
2. It was the best of times, it was the worst of times.
3. 李琢／整理報導：「人口高齡化，社會福利大挑戰」，外交部NGO雙語網（www.taiwanngo.tw＞首頁＞Feature Report）
4. 程平／台北報導：「台灣老化指數再升 逼近高齡社會」，2017.06.05：13：49《聯合晚報》。
5. 「中時社論」高齡化社會 善用智慧老爹，2017.03.11，下午07：22：23《中國時報》。
6. 《逆境中更易尋快樂：達賴喇嘛的生活智慧》（How to be compassionate：A Handbook for creating inner piece and a happier world），達賴喇嘛著、翁仕杰譯，天下雜誌股份有限公司，2016.01.06第二版第二次印行。
7. 《蘋果日報》即時新聞中心／綜合報導：「安養中心屢大火，5年已奪23命」，2017.03.10：08：41。
8. 國軍退除役官兵就業輔導委員會秘書室：有關榮譽國民緣起及榮民人數說明資料，2000.05.19（stat.vac.gov.tw/vacrs/7005.doc）

9. 周佑政／台北報導：「榮民之家擴大長照 開放民眾自費入住」，2017.05.22：14：02《聯合晚報》。

10. 劉德容：「需要長照資源嗎？11間榮民之家開放一般民眾自費申請入住！」，2017.02.18愛長照（www.ilong-termcare.com/Article/Detail/838）

11. 程嘉文／即時報導：「民眾可自費入住榮民之家 15日起開放申請」，2017.02.12：12：10《聯合報》。

12. 作者匿名：「住這也不錯 部長將軍入住 榮家轉型老人公寓」，2015.10.05《人間福報》。

13. 黃美涓：「忘了我是誰 勇敢面對失智症（下）」，2011.07.07《台灣大紀元》。

14. 潘羿菁／台北報導：「長庚養生村夯 單人房要價這麼多」，2017.05.30：01：20《經濟日報》。本文中的收費明細，則根據長庚養生文化村網頁自民國106.07.01起實施之收費標準表更新。

15. 黃美涓：「老吾老，健康快樂到老—談長庚養生文化村的『百老匯』」，《長庚醫訊》第32卷第10期。

16. Aging in the right place文句引用自黃美涓：「彩霞滿天 星光伴行—長庚長照服務的十年回顧與展望」，《長庚醫訊》第32卷第3期。

17. 吳惠君：「精挑細選國內十大養生村」，2006.08.03，《理財周刊》第310期。

18. 「充足」：adequate、「可負擔」：affordable與「可近性」：accessible

19. 嚴燊耀撰寫、楊培珊指導：「長照曙光？長期照顧服務法對台灣長照的重要性，台灣大學風險社會與政策研究中心」（Risk Society and Policy Research Center, National Taiwan University，rsprc.ntu.edu.tw/zh-TW/declining-birthrate-aging/285-long-term-care）
20. 林怡廷：「長照創新—台中有本生活坊，照顧咖啡館 青銀『鐵粉』同樂」，《天下雜誌》第639期，第120頁，2018.01.03～16。
21. 《續・下流老人——政府養不起你、家人養不起你、你也養不起你自己，除非，我們能夠轉變。》籐田孝典著，吳海青譯，大雁文化事業股份有限公司，台北市，2017年5月初版。
22. 衛生福利統計專區：「102 年老人狀況調查」，資料來源：衛生福利部建檔日期：103.01.23；更新時間：106.05.16。
23. 《台塑打造石化王國—王永慶的管理世界》，黃德海著，天下遠見出版股份有限公司，2008.10.30第一版第4次印行。
24. 《居禮夫人傳》（MADAME CURIE），伊芙●居禮（Eve Curie）著，曹永洋、鍾玉澄譯，志文出版社出版，長榮書局總經銷，中華民國64年10月再版。
25. Steven Allan Spielberg
26. Dieter Osswald撰：「藝術自由代表一切」，《讀者文摘》中文版2017.05.05，第34～36頁。
27. Zen Mind, Beginner’s Mind

28.《賈伯斯傳》，華特・艾薩克森（Walter Isaacson）著，廖月娟、姜雪影、謝凱蒂譯，天下遠見出版股份有限公司，2011.10.24日第一版第1次印行。

29.《最大的禮物——生與死的靈性關顧》（Our greatest gift：A meditation on dying and caring），盧雲（Henri J. M. Nouwen）著，余欣穎譯，校園書房出版社出版，2014年3月初版。

愛生活30

老有所終：長命百歲還是品質九九？

作　者—莊錦豪
視覺設計—張　巖
主　編—林憶純
行銷企劃—許文薰

第五編輯部總監—梁芳春
發行人—趙政岷
出版者—時報文化出版企業股份有限公司
一〇八〇三 台北市和平西路三段二四〇號七樓
發行專線—（〇二）二三〇六—六八四二
讀者服務專線—〇八〇〇—二三一—七〇五、（〇二）二三〇四—七一〇三
讀者服務傳真—（〇二）二三〇四—六八五八
郵撥—一九三四四七二四 時報文化出版公司
信箱—台北郵政七九～九九信箱

時報悅讀網—www.readingtimes.com.tw
電子郵箱—history@readingtimes.com.tw
法律顧問—理律法律事務所 陳長文律師、李念祖律師
印刷—勁達印刷有限公司
初版一刷—二〇一八年五月二十五日
定價—新台幣三二〇元
（缺頁或破損的書，請寄回更換）

時報文化出版公司成立於一九七五年，並於一九九九年股票上櫃公開發行，
於二〇〇八年脫離中時集團非屬旺中，以「尊重智慧與創意的文化事業」爲信念。

老有所終：長命百歲還是品質九九？ / 莊錦豪作 . -- 初版 . –
臺北市： 時報文化 , 2018.05　　248 面 ;14.8*21 公分
ISBN 978-957-13-7350-8
1. 老年 2. 生死觀 3. 生活指導 (平裝)
544.8　　107003012

ISBN 978-957-13-7350-8
Printed in Taiwan